中国社会科学院马克思主义理论学科建设与理论研究工程资助项目

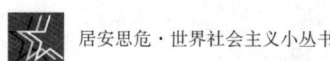
居安思危·世界社会主义小丛书

中华人民共和国史编研的若干基本问题

朱佳木 著

当代中国出版社
Contemporary China Publishing House

2019年·北京

图书在版编目(CIP)数据

中华人民共和国史编研的若干基本问题 / 朱佳木著. -- 北京：当代中国出版社，2019.12
ISBN 978-7-5154-0999-3

Ⅰ.①中… Ⅱ.①朱… Ⅲ.①中国历史 - 研究 Ⅳ.① K207

中国版本图书馆 CIP 数据核字（2020）第 004260 号

出 版 人	曹宏举
项目统筹	聂文聪
责任编辑	聂文聪
责任校对	康 莹
装帧设计	观止堂_未 氓 孔舒琴
出版发行	当代中国出版社
地　　址	北京市地安门西大街旌勇里 8 号
网　　址	http://www.ddzg.net　邮箱：ddzgcbs@sina.com
邮政编码	100009
编 辑 部	（010）66572264　66572154　66572132　66572180
市 场 部	（010）66572281　66572161　66572157　83221785
印　　刷	北京润田金辉印刷有限公司
开　　本	787 毫米 × 1092 毫米　1/32
印　　张	5.5 印张　1 插页　62 千字
版　　次	2019 年 12 月第 1 版
印　　次	2019 年 12 月第 1 次印刷
定　　价	20.00 元

版权所有，翻版必究；如有印装质量问题，请拨打（010）66572159 转出版部。

居安思危·世界社会主义小丛书
编 委 会

主　　编　李慎明　姜　辉

执行主编　陈之骅

编委会委员　（按姓氏笔画为序）

　　　　　　马　援　王立强　王　镭

　　　　　　吴恩远　张树华　辛向阳

　　　　　　侯惠勤　秦益成　曹宏举

　　　　　　程恩富　谢寿光　樊建新

我们愿做报春鸟

——《居安思危·世界社会主义小丛书》总序

中国社会科学院原副院长
世界社会主义研究中心主任、研究员
李慎明

《居安思危·世界社会主义小丛书》是中国社会科学院世界社会主义研究中心奉献给广大读者的一套普及科学社会主义常识的理论读物,也是我们集中院内外相关专家学者长期研究、精心撰写的一套严肃的理论著作。

为适应快节奏的现代生活,每册书的字数一般限定在4万字左右。这样的篇幅,有助于读者在工作之余或旅行途中一次看完。从 2012 年 7 月开始,在 10 年内,这套小丛书争取推出 100 册左右。

这是一套"小"丛书,涉及的却是国内外重大理论和现实问题。主要介绍科学社会主义基本理论及重要观点的创新、国际共产主义运动中重大历史事件和重要领袖人物(其中包括反面角色)、各主要国家共产党当今理论实践及发展趋势等,兼以回答人们心头常常涌现的相关疑难问题,并以反映国外当今社会主义理论与实践为主,兼顾我国的革命、建设和改革开放事业。

从一定意义上讲,理论普及读物更难撰写。围绕科学社会主义特别是世界社会主义一系列重大理论和现实问题,在有限的篇幅内,把立论、论据和论证过程等,用通俗、清新、生动的语言将事物本质与规律讲清楚,做到吸引人、说服人,实非易事。这无疑是对专业理论工作者的一个挑战。然而，我们愿意为此作出努力。

目前这场正在深化的国际金融危机的总根源，是东欧剧变和苏联亡党亡国之后全球范围内贫富两极的急遽分化。国际金融危机已经整整10个年头。但在笔者看来，再过8年、10年，国际金融危机的阴影也仍然挥之不去。主要是因为以"互联网+人工智能"等为代表的新的高科技革命和新的生产工具的诞生与发展，极大地提高了全球范围内的社会生产力，但同时也加剧了全球范围内的财富占有和收入分配的贫富两极分化。正如马克思所强调的：在资本主义社会，"文明的一切进步，或者换句话说，社会生产力（也可以说劳动本身的生产力）的任何增长，——例如科学、发明、劳动的分工和结合、交通工具的改善、世界市场的开辟、机器等等，——都不会使工人致富，而只会使资本致富"①。这也就是说，在资本主义生产关系框架之内，从总体和本质上说，资本愈是富有，广大劳动群众则必然愈是贫穷；广大劳动群众愈是贫穷，社会的有效需求则必然愈加减少。以美国为首的西方资本主义世界主导的经济全球化，必然使全球范围内广大民众愈加贫穷，社会的相对需求急遽减少。我们还可以作出这样的预言：在未来二三十年内，在全球范围内，大量的智能机器人会更多地挤占现有的人工工作岗位，无人工厂会如雨后春笋般地在世界各地涌现。这一进程，可能比我们常人所想象的要快得多；其覆盖面，可能比我们常人想象的要更为广阔。试想，资本家都不雇佣工人了，普通百姓都没有工资了，谁来购买这些物美价廉的产品呢？各垄断资本集团之间追寻高额利润的

---

① 《马克思恩格斯全集》第46卷上册，人民出版社1979年版，第268页。

残酷竞争——引发新的高新科技发展特别是智能机器人的普及——导致新的工人大量失业——社会相对需求减少——引发更多工厂破产和工人失业——加剧减少新的社会相对需求——进一步触发新的工厂破产,这一逻辑必然会形成一轮又一轮的恶性循环,不断加剧全球范围内的贫富两极分化。2008年爆发的国际金融危机在本质上就是资本主义的经济、政治和文化价值观的全面危机,是高度发达的社会生产力即生产社会化乃至生产全球化与现存的生产关系即生产资料被极少数人占有这一资本主义基本矛盾的一次总爆发。历史已经反复证明,这一基本矛盾在资本主义生产关系的框架内根本无法解决。随着这一矛盾的不断发展和深化,可以断言,更大的金融灾难必将在紧随其后的一些年内接连爆发。

凭栏静听潇潇雨,世界人民有所思。这

场危机推动着世界各国、各界特别是发达国家和广大发展中国家的普通民众进一步深入思考。可以说，又一轮人类思想大解放的春风已经起于青蘋之末。然而，春天往往会有"倒春寒"，在特定的条件下，人类社会也有可能还会遇到新的更大灾难，世界社会主义还有可能步入新的更大的低谷。但我们坚信，青山遮不住，毕竟东流去。世界社会主义在21世纪中叶前后，极有可能又是一个无比灿烂的春天。我们这套小丛书，愿做这个春天的报春鸟。

"沧海横流，方显出英雄本色。"目前，中国各族人民正更加紧密地团结在以习近平同志为核心的党中央周围，在以马克思列宁主义、毛泽东思想和中国特色社会主义理论体系，特别是习近平新时代中国特色社会主义思想的指引下，沉着、坚定地迈向无比美好的春天。我们对中国共产党和中华人民共和国的社会主义事业充满信心!

现在,各出版发行企业都在市场经济中弄潮,出版社不赚钱就不能生存,但我们希望这套小丛书每册定价要适度,相关方面在获取适当的利润后,让利于普通民众,让普通民众买得起、读得起。买的人多了,发行量大了,就会产生规模效益。

敬希社会各界对这套丛书进行批评指导,同时也真诚期待有关专家学者和从事实际工作的各级领导及各方面的人士,积极为我们撰稿、投稿。我们选取稿件的标准,就是符合本丛书要求的题材、质量、风格及字数。

2018 年 5 月 5 日

自 序

2019年是新中国成立70周年,故当《居安思危·世界社会主义小丛书》编辑部约稿时,我决定提供这部有关国史和国史编研基本问题的书稿,也以此作为一个国史工作者对新中国70年大庆的小小献礼。

新中国史编研是一个年轻学科,而我对这一学科的研究起步更晚。所以,自从2000年底由中央党史研究室调到当代中国研究所工作后,我便一边学习一边研究,一边应报刊的约稿,撰写关于国史和国史编研的文章,也应相关高校和各种研修班的邀请,讲解关于国史和国史编研的问题,并随着国史的发展和自己对国史认知的逐渐深化而不断对这些文章、讲稿加以修改、补充。这部书稿,就是在这个基础之上进一步打磨而成的。

尽管我现在从事新中国史编研已近20年，但比起老一辈国史工作者仍是才疏学浅，所以，对国史和国史编研的理解难免有浅陋和缺失之处，还望读者阅后多加批评指正，以便于笔者提高认知和修订完善书稿。

最后，谨祝我们伟大的祖国繁荣昌盛，不断从胜利走向新的胜利！

朱佳木
2019年10月4日

目录 | CONTENTS

1 | 前　言

5 | 一、国史编研是不是一个学科、是什么学科

34 | 二、国史编研是否已具备成为学科的必要条件

41 | 三、如何划分国史时期

60 | 四、如何看待国史主线

76 | 五、如何分析国史的主流

104 | 六、如何总结和研究国史经验

150 | 结束语

前 言

中华人民共和国史（以下简称国史）是指1949年中华人民共和国成立后，中国版图之内的社会与自然界的历史。它上承中国近代史，是中国的现代史或当代史，换句话说，是中国历史的现代部分或当代部分。然而，国史编研与国史的概念却不完全相同，有着广义、狭义之分。广义国史编研与中国现代史、当代史编研的内涵一样，狭义国史编研则与中国现代史或当代史编研有所区别。

广义国史编研包括政治、经济、文化、社会、外交、军事等社会内容，也包括天象、气候、地质、生态、自然资源、自然灾害等自然界内容；包括整个国家层面的宏观历史，也包括地方、部门、行业等方面的微观历史；

包括中央人民政府管辖区域内的历史，也包括对暂时不在中央人民政府管辖内的地方史。例如，1949年新中国成立后的台湾史，1949年至1997年和1999年主权回归前的香港、澳门史，以及1949年至1951年和平解放前的西藏史等。这些与中国现代史或当代史编研是一样的。

狭义国史编研的对象是国家层面的宏观历史，它只涉及整个国家的政治、经济、文化、社会、外交、军事等社会领域和自然界的重大事件，只包括中央人民政府管辖范围内的事件，而不涉及地方、部门、行业等方面的微观历史，不记载主权尚未回归和尚未取得管辖权的地区的历史，除非某个地方、部门、行业，以及主权尚未回归或中央人民政府尚未行使管辖权的地区所发生的事件与国家的全局有关。例如，它不涉及内地省及省以下地区的历史，而只包括与国家全局相关的地方性事件；不涉及1949年后的台湾史和主权回归前的港、澳史，以及和平解放前的西藏史，而只包括大陆与台、港、澳，中央政权与西藏地方当局之间相互关系的历史，它相当于人们常说的通史。现在已经出版的各种国史书，如《中华人民共和国简史（1949—2019）》《新中国70年》《中华人民共和国史稿》《中华人民共和国史编年》等，大都属于这个层面的国史编研。所以，中国现代史、当代史编研比起狭义国史编研，内容要宽泛得多。

党的十八大以来，党中央对国史给予了前所未有的重视。习近平总书记不仅把党史国史并提，而且多次强调要加强国史学习，正确认识国史，汲取国史经验，还就如何正确认识国史和总结国史经验的问题发表了一系列重要论述。最近，中央"不忘初心、牢记使命"主题教育领导小组还专门印发通知，要求在教育活动中加强对党史、新中国史的学习。当前,越来越多的人在关注国史,也有越来越多的人参与国史编研。为了使更多的人对国史编研有所了解,下面仅对其中几个基本问题谈谈个人的认识,其中包括国史编研是不是一个学科、是什么学科,国史编研是否已具备成为学科的必要条件,如何划分国史时期,如何看待国史主线,如何分析国史的主流,以及如何总结国史的经验,等等。

一、国史编研是不是一个学科、是什么学科

历史学是人文和社会科学中的一大门类。这个门类的二级学科中,一般有考古学、世界史学和各国自己的远古史、古代史、近代史、现代史和当代史学等。新中国的历史,是中国现代史或中国当代史、当代中国史。但我国有关部门过去很长时间并没有把它当作二级学科,后来即使把它作为学科,也是放在中国近现代史学科中(这个问题后面还要谈到)。最近几年,国史或中国现代史、当代史虽然被作为独立的二级学科,但学术界、舆论界仍然存在对将国史编研作为一门学科表示质疑的声音。我们要使国史编研深入开展,就不能不对这些质疑给予明确回答。

1. 当代人能否写当代史

有人认为，中国历来有当代人不写当代史的传统。然而，这个传统早已被历史淘汰。因为，中国古代封建社会的所谓当代、前代，是以一姓帝王为标志的朝代来划分的。在那种社会制度下，史家写当朝史，势必颇多忌讳，所以要等到改朝换代后再写前朝史。所谓"当代人不写当代史"的说法，就是这么来的。

但在当代中国，情况与古代有了根本不同。一是人民民主制度代替了封建专制制度，使当代人不能写当代史的禁忌失去了存在的理由；二是社会生活发生了深刻变革，使当代人对当代史及其经验，有了越来越浓厚的兴趣和越来越强烈的需求；三是交通、通信、印刷等手段的日益革新，特别是进入信息化时代后，资料积累、信息传播更加方便快捷，使当代人写当代史有了古代不可比拟的优越条件。这一切都使当代人不仅可以写当代史,而且需要写当代史。20世纪70年代以来,西方一些国家兴起的所谓"当下史"研究,就是当代史研究,不少学者还在从事中国当代史的研究。可见,要当代人不写当代史,事实上已经做不到了。

另外还要看到,即使在中国古代,也并非完全不写"当代"史。《史记》《三国志》中,就有很大篇幅是那时的"当代"史。每个朝代国史机构所编的本朝"起居注""实录""会要""会典"等,也都是"当代"史的半成品,与后人编撰的史书,如"二十四史"之间,是历史记载与历史记述的关系。可见,说中国古人不修"当代"史,并不完全符合实际。

当代人写当代史,当然会遇到现实利害关系、情感因素等的干扰,存在与现实距离太近、不容易看清全貌等不利条件。但当代人编写当代史，也有身临其境、亲自参与、第一手资料容易收集等后代人所不具备的优越条件。还应当看到，写史能否做到客观公正全面，主要取决于著史者的立场、观点、方法是否正确、是否科学。马克思的《路易·波拿巴的雾月十八日》，成书时间距离拿破仑第三复辟帝制事件仅仅三个月，可以说与事变基本平行，但恩格斯却给予了它高度评价，说"在事变刚刚发生时就对事变有这样透彻的洞察，的确是无与伦比"，称它"是一部天才的著作"。[①] 可见，与古代相比，当代人写当代史不仅有比古人优越的物质条件，而且有了科学的历史唯物主义理论的指导，完全有可能写出更加符合历史真实、更能经得起时间检验的信史。反过来，如果不站在人民根本利益的立场上，不运用历史唯物主

---

① 《马克思恩格斯选集》第1卷，人民出版社2012年版，第666页。

义的观点、方法分析问题、研究历史，即使是当代史的局外人，照样写不出科学的当代史著作。

2. 国史编研意识形态性强是否妨碍它成为学科

史学从来是意识形态的组成部分，在有阶级有国家的社会中，史学的社会功能很大程度就体现在它为特定国家、阶级和政治力量的服务上。尤其是对国家史的解释，历来是各个阶级、各种政治力量争夺、较量的重要领域。统治阶级为了维护统治，总是高度重视对国家史的解释，并把它视作国家主流意识形态和核心价值体系的组成部分。就像马克思、恩格斯说的那样，"统治阶级的思想在每一时代都是占统治地位的思想"[①]。

同样，要推翻一个政权的阶级和政治力

---

① 《马克思恩格斯选集》第1卷，人民出版社2012年版，第178页。

量,也十分看重对国家史的解释,总要用它说明原有统治的不合理性。这是带有普遍规律性的社会现象,区别只在于,进步的阶级和政治力量顺应历史前进的方向,对历史的解释往往符合或比较符合历史的本来面貌;而反动的阶级和政治力量悖逆历史前进的方向,对历史的解释总是难以符合历史的本来面貌。

清代思想家龚自珍讲过一句名言:"灭人之国,必先去其史。"[①]意思是说,要灭掉一个国家,先要否定这个国家的历史,这个国家的历史被否定了,这个国家也就不攻自灭了。他的这个观点深刻揭示了史学的意识形态属性和政治功能,并为大量历史事实所验证。当年日本帝国主义为永久霸占中国的台湾和东北,竭力推行奴化教育,在教科书中把台湾和东北历史从中国历史中删除。现

---

① 龚自珍:《龚自珍全集·古史钩沉论二》,上海人民出版社1975年版,第22页。

在"台独"分子在台湾大肆推行"去中国化",也把台湾史从中国史中剥离,并把没有台湾的中国史放入世界史课本。他们这样做的目的,都是妄图通过否定、割裂中国历史,达到灭亡、分裂中国的目的。

当前意识形态领域里,拿新中国历史做文章的历史虚无主义思潮甚嚣尘上,进一步验证了上述观点。毛泽东早就讲过:"历史上不管中国外国,凡是不应该否定一切的而否定一切,凡是这么做了的,结果统统毁灭了他们自己。"① 苏共下台、苏联解体就是一个鲜活的例子。对此,习近平总书记在2013年一次讲话中引用龚自珍上述名言后指出:"国内外敌对势力往往就是拿中国革命史、新中国历史来做文章,竭尽攻击、丑化、污蔑之能事,根本目的就是要搞乱人心,煽动推翻

---

① 《毛泽东在省、市、自治区党委书记会议上的讲话(1959年2月2日)》,《党的文献》2007年第5期。

中国共产党的领导和我国社会主义制度。苏联为什么解体？苏共为什么垮台？一个重要原因就是意识形态领域的斗争十分激烈，全面否定苏联历史、苏共历史，否定列宁，否定斯大林，搞历史虚无主义，思想搞乱了，各级党组织几乎没任何作用了，军队都不在党的领导之下了。最后，苏联共产党偌大一个党就作鸟兽散了，苏联偌大一个社会主义国家就分崩离析了。这是前车之鉴啊！"① 他的这一论述深刻说明，对于社会主义国家历史的解释不仅具有意识形态性，而且具有强烈的意识形态性。

既然"去人之史"可以"灭人之国"，反过来，"卫己之史"不是同样可以"护己之国"吗？正是在这个意义上，我提出过一个观点，即国史编研除了具有资政、育人的功能外，

---

① 《十八大以来重要文献选编》上，中央文献出版社2014年版，第113页。

还具有"护国"的功能。新中国的历史是中国共产党领导的以工农联盟为基础的人民民主专政的社会主义国家的历史,是面对当今占世界主流的社会制度作出另一种选择的历史,因此,这一历史研究比起古代史、近代史研究领域的斗争,势必更加激烈。我们的国史工作者是由党领导并以马克思主义指导的,在运用国史编研维护国家利益方面理应更加自觉。其实,国史工作者发挥国史编研的"护国"功能,同发扬中国历代史学经世致用的传统,本质上是一致的;同发扬中国近代以来史学家尤其马克思主义史学家的爱国主义传统,也是完全契合的。

前一时期,一些人照搬西方主流史学观点,认为史学研究要做到客观公正,必须"价值判断中立","终止使用自己或他人的价值观念","排除来自政治的、意识形态的和思想权威的各种干扰"。这种论调,不过是鼓吹者的一厢情愿和自欺欺人的说法罢了。鼓吹这种论调的人,自己就做不到"价值判断中立"。而且,这种论调本身就是受某种"政治的、意识形态的和思想权威的各种干扰"的结果。在有国家、有阶级的社会中,对于什么是"客观公正",本来就有不同的理解;理解不同,评判标准自然不同。就拿地方志编撰来说,虽然"述而不论"是它的一条基本原则,但即便如此,站在不同立场上,对待同一件事,选取史料和遣词用字,照样会有所不同。例如,对1945年的8月15日,如果由爱国的中国人记述,肯定会写"日本宣布投降"或"抗日战争胜利";而由顽固坚持日本军国主义立场的人记述,肯定会写"终战"或"战败"。再如,对解放战争时期解放军占领某个城市或地区,由我们记述,肯定会写××城市或××地区"解放"或"和平解放";而由顽固坚持国民党反动立场上的人记述，肯定会写××城市或××地区"沦陷"或"落入共军之手"。

说国史编研具有强烈的意识形态性，绝不等于说可以削弱它的学术性、科学性。在社会科学领域，一门学科是否是科学研究，不取决于这门学科是否具有意识形态性和政治性，而取决于这门学科追求的是否是客观真理，反映的是否是客观规律，具有的知识体系是否完整系统，遵守的学术规范是否被公认为科学。只要尊重历史的真实性、连贯性、继承性，注重对历史事件原因的揭示、经验的总结、发展规律的探索，致力于符合学术规范的完整系统的学科体系建设，国史编研照样可以是一门科学，照样可以做出大学问。

3. 国史由国家机构编撰是否影响它成为学科

有人认为，国史编撰者应当作为国家政权的对立面、评论者而存在，因此，国史书应当由独立于国家机构的学者个人编写,否则难以客观公正。这一看法和做法一般存在于欧美国家,并不适合中国的情况,更不应当作为所谓"普世"的原则。

国史书究竟应当由国家主持编撰还是由个人著述,与每个国家的文化传统有关。中国自古就有官修国史的传统,早在商周时期,朝廷就设有掌管史料、记载史事、撰写史书的史官,称大史、小史、内史、外史、左史、右史等,秦汉时期称太史令,三国魏晋以下称著作郎。从南北朝的北齐始创至唐初,朝廷还正式设置了专为编写国史的史馆,由宰相负责监修。以后的宋、辽、金、元均设有国史院,清设国史馆。辛亥革命后不久,北京政府即成立了中华民国国史馆。受中国传统文化影响较大的亚洲国家和地区,一些政府也设立了国史编纂机构。比如,韩国就有国史编撰委员会。不仅如此,中国自唐宋以来，历代还把编修地方志作为官职、官责。现存中国古籍中，官修的史书、志书占有相当大的比重。它们是中华民族的宝贵精神财富，一直让外国人羡慕不已。中华文明作为世界历史上少数几个最先发达的古代文明中，之所以能延续至今而未中断，与这种由国家或官府主持撰史修志的传统有很大关系。所以，史书由国家还是个人编纂，涉及民族性问题，不应成为是否具有学科性的标准。事实证明，国史书能否做到客观公正，关键在于参与编纂的人能否坚守尊重史实的史德，而不在于由国家或官府主持编写还是由个人编写。如果不能尊重史实，国史书即便由个人编写，照样做不到客观公正。

目前，我国由国家授权编纂和研究国史的机构只有当代中国研究所一家。不过，在中央和国家机关以及高等院校中，还有很多从事行业、部门和地方当代史编研的机构；

当代史领域内的综合史、专门史、地区史著作，也有很多出自学者个人之手。这些机构与当代中国研究所的性质、任务不同，这些学者与西方的自由撰稿人也不完全一样。无论是国家机构还是学者个人，研究、编纂国史，都要坚定站在中华人民共和国和人民根本利益的立场，自觉学习和运用历史唯物主义的基本理论，努力收集和认真辨识历史资料，尊重历史的真实，并积极借鉴其他学科的方法。唐代史学者刘知几提出"史家三长"，即"史才、史学、史识"，就是说，从事史学工作的人应当具有熟练的历史编纂本领、深厚的历史知识积累、高超的史料辨析能力。后来，清代史学家章学诚又加上了"史德"，意思是从事史学工作的人要端正"心术"，不能凭个人好恶和偏见随意褒贬事件、臧否人物。这些要求无论对于国史编研机构还是学者个人来说，都应当同样适用。

4. 国史编研是否能放到近现代史学科中

自从唯物史观传入中国，马克思主义史学工作者就力图依据社会形态理论，对中国历史进行大阶段的划分。把1840年鸦片战争爆发后中国逐渐由封建社会沦为半殖民地半封建社会，作为古代史和近代史的分水岭，便是一个佐证。如果仍然运用这一理论，本来应当把1949年中国由半殖民地半封建社会进入新民主主义社会和走向社会主义社会，作为中国近代史和现代史的分水岭，然而，我国马克思主义的史学界在新中国成立前，为了突出旧民主主义革命向新民主主义革命的转变，把1919年五四运动的爆发当成中国近代史的结束和现代史的开端。新中国成立后，教育界继续沿用了这一历史分期方法，以至于在国家学科、专业目录里的历史学二级学科中，只设置了中国近现代史专业，并把现代史下限延伸到1949年新中国成立以后。但问题在于，五四运动改变的只是中国民主革命的性质，并没有改变中国社会的性质；以五四运动为界给中国近代史和现代史断限，区别的只能是革命史的不同阶段，而非国家史的不同时期。对此，范文澜等老一辈马克思主义史学家早就提出过不同意见。不过，那时新中国刚刚成立不久，国史的编研与教学还没有被提上日程，这样界定近代史和现代史，矛盾尚不突出，所以未能引起有关方面的重视。

20世纪80年代国史编研正式开展以来，人们为了避开1919年已作为中国现代史上限的既成事实，又把新中国成立后的历史称为了当代史，使这一矛盾暂时被掩盖起来。然而，随着新中国历史的延长，现代史原有定义在学术上乃至政治上的弊端愈益显现。为了解决这个矛盾，有关部门虽然同意在学科目录中设立国史、当代史研究方向，但仍把它们放到近现代史专业中。应当说,以上两种做法都不合适,后者尤为不妥。因为,在不改变中国现代史以1919年作为起点的情况下,就把国史、当代史并入近现代史,不仅使近代史、现代史的概念出现混淆,而且势必淡化甚至抹杀中华人民共和国成立对于中国社会形态变革的划时代意义。

在这个问题上的正确做法,我认为应当是首先统一中国历史分期的标准,即统一用社会形态的变化划分大的历史阶段,将中国近代史的下限,由原来的1919年延后至1949年;再将中国现代史的上限,由原来的1919年推迟至1949年。在这个前提下,把国史与中国现代史、当代史三者合并。合并后,可以称国史,也可以称中国现代史或中国当代史。但不管称呼什么,都应当把国史或中国现代史、当代史从中国近现代史专业中独立出来,单独设置与近代史并列的国史或中国现代史、当代史专业,同时取消中国近现代史这一学科。目前,史学界已有越来越多的人认同以1949年作为划分中国近代史与现代史的分水岭。例如,作为高等院校政治理论课教材的《中国近现代史纲要》,尽管沿用了近现代史这个提法,但它一开头就声明,中国近代史和现代史的分界在1949年。不过,还是有不少高校的历史系教科书仍在沿用原来的中国近现代史分期方法。

历史分期是动态性的,不会一劳永逸。随着时间的进一步延续,现在应当合并在一起的中国现代史、当代史,今后总有一天会分开。试想,再过一百年,中国现代史就有可能需要分出一个独立的当代史来。不过,这样的问题可以留待当时的人们去考虑解决。

5. 中共党史编研能否代替国史编研

有人认为,既然中国共产党历史编研的

对象已经延伸到新中国成立后的历史,再搞国史或当代史、现代史编研就是重复劳动,没有必要。这种看法其实是一种误解,是对党史与国史、当代史、现代史概念不清的表现。

中国共产党是中华人民共和国的核心领导力量,党的理论、路线、方针、政策、重大决策必然会对共和国的建设、发展产生决定性作用。从这个意义上讲,党史是国史的核心,新中国成立后的党史走向决定国史的走向。因此,国史编研与新中国成立后的党史编研,从内容上讲难免会有许多交叉、重合。比如,党的历次代表大会,党的领袖人物的活动,在当代史编研中不可能不涉及。另外,国史编研与党史编研在编研理论上也有许多相同、相近、相通之处,很难截然区分。比如,一个学者对国史分期、主线、主流等问题的主张,往往与他对党史同类问题的主张相差不多。

但应当看到,国史与党史毕竟不是一回事,国史编研与党史编研也分属不同学科。国史的核心虽然是党史,但涵盖的内容远比党史广泛得多。党史编研对象是政党的历史,基本属于政治学中的政党学范畴;即使从史学角度看,也属于专史性质。而国史编研对象是国家的历史,不仅完全属于史学学科,而且是通史性质,是中国通史编研的接续。因此,党史编研与国史编研在编研角度、范围、重点、理论与方法上,都存在着程度不同的区别。

首先,编研角度不同。党史编研是从政党角度出发看待新中国历史的。它要研究的是中国共产党作为一个执政党,如何制定路线、方针、政策,并把它们变成国家意志;如何开展群众工作;如何处理与各参政党之间的关系;如何与国外政党打交道;如何进行党的自身建设等。国史编研是从国家和社会角度出发看待新中国历史的。它要研究和阐述的是国家政权机关如何贯彻中国共产党的路线、方针、政策,如何组织国家各项事业的建设,如何开展外交活动,如何进行政权建设,以及人民群众和各参政党如何在中共领导下从事各项建设事业和参政议政。比如,对于改革开放的历史,党史编研应着重改革开放决策制定的背景和过程,而国史编研则应更多地从改革开放本身的历程及其给社会各个方面带来的变化入手。

其次,编研范围不同。相对于国史编研,党史编研主要研究和阐述的是中国共产党在新中国成立后的历史发展及其规律,范围超不出中共自身及其作为执政党影响所及的事务。像自然领域里的天象(日食、彗星等)、气候、生态、灾害的变化,与党史没有或基本没有关系,并不在党史编研的范围之内。在社会领域里的经济、法制、民族、疆域、政区、宗教，各参政党的"党史"，以及人口、婚姻、家庭，乃至语言、民俗、服饰、饮食、交通、娱乐方式、人际交往等的变化，虽然与党史或多或少都有一定关联，党史编研也会有所涉及，但作为学科，并不属于它的研究范畴。例如，在党史编研中不可能设中共疆域史、政区史、婚姻史、民俗史、服饰史等专业，因为不存在这样的历史。再如，中国共产党虽然有自己的经济思想史、法制思想史、人口政策史、环境政策史、民族政策史、宗教政策史等，在党史编研中也需要设置这些研究方向，但并没有自己的法制史、人口史、环境史、民族史、宗教史，新中国成立后也不再有自己单独的经济史，因此，不可能设什么中共法制史、人口史、环境史、民族史、宗教史，以及新中国成立后的中共经济史等研究方向。在党史编研中也会涉及中共与八个参政党的相互关系，但不可能也不必要过分叙述这些党派自身的历史，否则就会混淆中共党史编研与其他党派的"党史"编研之间的关系。然而，上述这些内容，却完全可以并且应当纳入国史编研的范围，否则就不成其为国史了。

再次，编研重点不同。中共党史编研的重点是党的路线、方针、政策制定的过程，党的重大决策出台的过程，党的制度建设、思想理论建设、组织作风建设的状况，党的会议和文献，党的重要人物和模范，以及党执政的经验教训等。国史编研虽然也会涉及这些内容，但它更多的是要研究和阐述全国人民代表大会及其常委会、国务院的决策过程，法律的制定和变化过程，以及各级国家权力机关、行政机关、审判机关、检察机关、监察机关的重大活动和举措，国家各项建设事业的进展和有突出贡献的人物，国家机关的自身建设及其经验教训等。例如,在经济问题上,党史编研的重点应当是基本经济制度建立、宏观经济政策制定的过程和作用,而国史编研的重点应当是相对具体一些的经济制度和政策,像财税、金融等制度与政策的建立、制定过程,以及产业结构、城乡居民收入、土地状况、进出口贸易、货币发行和税种、税率等变化的情况。又如,在自然灾害问题上,党史编研的重点应当是党如何领导政府和人民群众抗击自然灾害,而国史编研的重点应当是政府与人民群众如何在党的领导下抗灾、救灾、赈灾和进行灾后重建,以及自然灾害的原因、损失和预防等情况。

最后,编研的理论与方法也不完全相同。党史编研和国史编研都要以唯物史观和科学的史学理论为指导,都要充分收集、慎重选择、严谨考证史料,都要把问题放到一定历史范围之内,都要从历史事实出发对问题进行系统分析和阶级分析,都要用社会存在说明社会意识的变化,都要通过比较方法认识事物的本质,等等;而且,都要借鉴中国传统史学和国外史学的有益方法,汲取社会科学中其他学科,如经济学、社会学、统计学的科学方法。但是,党史编研更多地需要运用政治学研究的方法,而国史编研主要要运用史学研究的方法。在史书编纂方面,党史书一般采用的是章节体,而国史书除章节体外,还要继承中国史学的传统体裁,如纪传体、编年体、记事本末体、典制体、方志体、史地体等,以及图录、史表、会要等形式,以便与我国历史编纂传统相衔接。

总之,国史编研与中共党史编研各有各的属性、内容和社会功能,谁也代替不了谁。现在一些国史书与党史书之间存在雷同现象,并不表示国史编研与党史编研之间大同小异,而恰恰说明需要加强这两个学科的学科体系建设，以进一步突出它们的各自特点。

6. 国史编研是否属于对策研究或马克思主义学科

国史的综合性很强，从一定意义上可以说是一门综合性学科。它同当前的现实问题之间，同马克思主义的理论之间，都有十分密切的关系，即使同经济学、政治学、社会学、地理学、生态学、图像学等学科之间，也有着密切联系。但如同任何学科一样，它也有一个属于自己的基本属性。

其实，国史或中国现代史、当代史的称呼本身，已经表明了它属于史学。国史编研的对象是已经成为历史的事，是过去的事件、过去的人物、过去的经验。它不研究尚未发生的问题，也主要不研究正在发生的事和与历史没有直接关联的纯理论问题。所以，它不是对策研究，也不是理论研究。它当然要为现实服务，但这种服务不是直接提供对策，而是通过研究历史,搞清历史事实,梳理历史脉络,探索历史规律,总结历史经验,预测历史走向,从而为现实提供历史依据、历史借鉴、历史经验。就是说,它要编研的问题基本属于"是什么"和"为什么是"的问题,而不属于"应当怎么办"的问题。它当然也要研究马克思主义的理论,但要研究的是与国史有关的理论问题,是国史与马克思主义普遍真理相结合的过程及其经验教训,而不是离开国史去研究马克思主义的理论。就是说,它要编研的对象属于已经成为历史的社会实践,而不属于指导这种实践的马克思主义理论。

国史编研的这一学科定位,从国史编研机构的设置过程中也可以得到佐证。早在1977年中国社会科学院刚成立,作为首任院长的胡乔木在向国务院上报拟建立的新所名录中,就写入了中华人民共和国史研究所;

后来在正式上报的名录中,为了与社科院已有的历史所和近代史所的名称相配套,索性将中华人民共和国史研究所改为了现代史研究所。由于一时找不到担任所领导的合适人选,他决定先组织一个中华人民共和国史的写作班子,再后来又在近代史所中设立了一个现代史研究室。1989年政治风波后,老一辈革命家们深深感到对青年进行国史教育的重要性,故由当时的中央党史领导小组报经党中央批准,设立了当代中国研究所。这个所的名字虽未有"史"字,但在中央批准的报告中,明确它的主要职责就是编写国史,而且由它主管、主办的所刊名称也是《当代中国史研究》。以上过程可以清楚地看出,当代中国研究所就是中华人民共和国史研究所或中国现代史研究所,它的基本任务是编研国史、当代史,而非研究政策和理论。弄清这个过程,既有利于明确国史编研的学科属性，也有利于明确国史编研机构的性质和职责。否则，很有可能发生"既种不好别人的地，又荒了自家田"的问题。

国史编研虽然属于史学学科，但由于它同古代史、近代史编研相比，与国家政权的关系更为直接和密切，所以，当代中国研究所在成立之初，是由党中央直接领导、中国社会科学院行政代管的。前几年，当代所被并入中国社会科学院建制，但在管理体制上，仍有别于其他史学研究所。最近，党中央决定把中国社会科学院的几个史学研究所合并成立中国历史研究院，也没有把当代所包括进去。这些都说明，相对其他历史编研机构，对于国史编研机构在政治上的要求要更高一些，管理上也要更严一些。不过，这种管理体制上的特殊性，并不影响也不应当影响它的学科定位。

二、国史编研是否已具备成为学科的必要条件

学科者,相对独立的知识体系也。一门学问要成为学科,需要有确定的研究对象,相应的文献支撑,充分的学术成果,一定规模并可接续的研究队伍。从这几方面看,国史编研都已具备了成为学科的必要条件。

对国史的编研最早可追溯到新中国成立初期。早在20世纪50年代,就有人提议收集国史资料、进行国史研究,还有多个高校编写过国史稿、国史大事记等。然而,严格意义的国史编研,是在80年代初党中央总结党在新中国成立以来的历史之后才开始的。

1979年,党中央利用庆祝新中国成立30周年的机会,在庆祝大会讲话稿中对新中

国成立以来的历史及其经验教训，进行了简要回顾和初步总结；接着，又组织专门班子，用一年多时间，起草了《关于建国以来党的若干历史问题的决议》（以下简称《历史决议》），并在1981年中共十一届六中全会上通过。在《历史决议》起草过程中，邓小平、陈云等老一辈革命家提出了许多指导性意见，党内4000多名高中级干部和一部分党外人士进行了认真讨论。《历史决议》总结的虽然是新中国成立以来党的历史，但很大程度上也是在总结国家的历史。因此，制定《历史决议》的过程，也可以说是一次高层集体研究国史的过程。它起到了开启国史编研的积极作用，并为此后的国史编研指明了正确方向。

1982年，经当时分管意识形态工作的中央书记处书记胡乔木倡议，并经中央批准和中央宣传部部署，有关部门开始着手编辑出版大型丛书"当代中国"丛书。该丛书按照部门、行业、省市、专题分卷，先后动员约10万多名干部和学者参与编撰，并由在职或离职休养的领导干部挂帅，历时7年，陆续出版了150卷，共计1亿字，3万幅图片。它所利用的档案资料之丰富确凿，涉及的内容之全面系统，都是空前的。与此同时，有关方面又相继出版了大量可供国史工作者研究的文献书、资料书，其中包括共和国主要领导人的文选、文集、文稿、年谱、传记，1949年至1965年的《建国以来重要文献选编》和从1978年中共十一届三中全会以来历次党代会的重要文献选编，《中华人民共和国经济档案资料选编》等，各级党政部门尤其是档案机关公布的档案资料，以及一些重要领导人的日记、回忆录，高等院校和科研机构收集出版的民间史料。这些档案文献资料的陆续整理出版，为国史编研广泛和深入地开展提供了基础条件。

前面已经提到，1990年，当时的中央党史领导小组借鉴中国历史上由国家设立国史馆的传统做法，提议并经中央同意，成立了专事编纂和研究国史的当代中国研究所。当代所建立后，创办了以出版国史著作为主业的当代中国出版社和反映国史研究成果的学术刊物《当代中国史研究》，成立了国史工作者全国性社会组织——中华人民共和国国史学会，着手编纂了《中华人民共和国史稿》（现已出版序卷和1949—1984年的4卷）；在2001年中央书记处讨论并原则批准当代所的第一个科研规划后，又集中力量编写编年史性质的史料书《中华人民共和国史编年》（现已出版1949—1965年17卷和2012—2017年6卷），建立了面向全国的国史学术年会制度（现已举办18届），还同中国社会科学院研究生院合作创办了国史系。在此前后，中央许多部门和省一级党委、政府也纷纷设立本部门、本地区的当代史编研机构，许多地方社会科学院还设立了当代史研究所，一些高等院校开设了国史课，建立了以国史为专业方向的硕士、博士授予点。如果加上从省到县各级党史研究部门对新中国成立以来党史的编研，各级地方志工作部门对新中国成立以来地方志的编修，参与国史编研的机构和人员就更多了。所有这些机构和学术平台产生了不胜枚举的国史编研成果，培养了为数众多的国史编研人才，为国史编研成为历史学的分支学科提供了必要前提。

然而，国史编研与历史学的其他分支学科相比，在学科体系上还处于初创阶段，尤其学科理论还有待进一步明晰化、条理化、系统化。构建一门学科的学科体系，不仅要有相应的文献支撑、充分的学术成果、一定规模和可接续的研究队伍，还要进行分支学科的设置、文献目录的编辑等。但相比之下，创立属于国史编研自身的学科理论，无疑具有更加重要的意义。我们所说的国史编研当然是以马克思主义为指导的，所以，创立国史学科理论也理所当然地要以辩证唯物主义和历史唯物主义的基本理论为指导，而且，还要运用吸收了中国古代史学和西方现代史学理论精华而形成的马克思主义史学理论。但无论马克思主义的基本理论还是马克思主义的史学理论，都不能代替国史编研自己的学科理论。要创立这样的理论，必须是把马克思主义的基本理论和史学理论与国史编研相结合，在解决编研中遇到的一系列基本问题时，从理论高度上给予科学的有说服力的理论说明。这个过程既不能离开马克思主义理论的指导和马克思主义史学理论的运用，也不能离开当代史编研的实践活动。只有这样，国史编研的学科理论才会逐步明晰化、条理化、系统化。当然，做到这一点是不容易的，更不可能一蹴而就，但只要国史学界的同人深入钻研、积极切磋、锲而不舍，这一学科理论就一定会创立，体现中国特色、中国风格、中国气派的国史学科体系也是一定会最终建立。

三、如何划分国史时期

对历史进行分期,即给历史断限,是史学工作者为便于自己研究和引导人们认识历史发展阶段性特征的方法,同时也是史学研究中的一个重要理论问题。由于历史观的不同,对不同或相同社会形态的历史进行分期,都很难有统一的标准。即使在同一历史观指导下,对同一社会形态的历史进行分期,由于观察问题的角度和所处时间节点的不同,往往也会有不同意见。

一段历史的时间如果太短,比如说仅有两三年,一般是难以分期的。但自严格意义的国史编研开展时,新中国历史已经走过了30年,完全有了分期的条件。现在,这一历史更进入了第70个年头,分期的条件变得更加充分了。据统计，迄今为止各种名称的国史、当代史著作大约有160种之多，其中对国史、当代史的分期方法不下十来种。而且由于成书时间有先有后，即使相同的分期方法，上下限也不完全一样。① 改革开放初期，常见的分期方法大体有以下三种：

第一,四分法，即1949—1956年基本完成社会主义改造的7年，1956—1966年全面建设社会主义的10年，1966—1976年"文化大革命"的10年，1976年伟大历史转折即粉碎"四人帮"以后的时期。

第二,五分法，即在第一种分期方法的基础上，将其中第一个时期，以1952年决定由新民主主义向社会主义过渡为界，分为"国民经济恢复时期"的3年和"社会主义改造时期"的4年。

---

① 参见王晓慧的博士后研究工作报告《中国当代史分期研究述评》(2017年7月)。

第三,六分法,即在第二种分期方法的基础上,将其中第五个时期,也就是1976年粉碎"四人帮"以后的时期,再以1978年中共十一届三中全会的召开为界,分为"在徘徊中前进的两年"和"改革开放历史新时期"。

进入新世纪后,在上述三种方法的基础上,有的将"改革开放历史新时期",以1992年邓小平发表南方谈话和党的十四大为界,划分出"改革开放初期"和"社会主义市场经济体制建立时期";有的又以党的十六大为界,划分出"全面建设小康社会时期"。

上述分期方法是已知比较有代表性的几种,如果细分,还可以分出一些。比如,《历史决议》对"文化大革命"的10年,就分成了三段,即"五一六"通知到党的九大,九大到十大,十大到粉碎"四人帮"。

以上对国史的分期都有一定道理,但为了更加体现国史的特点,我主张以经济与社会发展目标模式的转换作为分期的标准，并自 2003 年起将国史分为了五个时期，自 2015 年起又对第五个时期的起点作了修正。具体分期如下：

1. 第一个时期：1949—1956 年

这是由新民主主义社会向社会主义过渡的时期，或者说是结合中国实际学习苏联模式的时期，前后共 7 年。

过去一些国史书把新中国成立到 1953 年提出过渡时期总路线之前的 4 年称作新民主主义时期，把提出过渡时期总路线到 1956 年"三大改造"基本完成的 3 年称作过渡时期，而我在这里把它们合并成了一个时期。之所以这样分期，是因为中国共产党早就明确，中国革命分两步走，第一步民主主义革命，第二步社会主义革命，就是说，进行民主革命的目的是为了进行社会主义革命。在 1949 年举行的第一届政协会上，周恩来回答

"既然新民主主义是过渡性质的阶段,共同纲领为什么不把社会主义前途规定出来"这个问题时就说过:"现在暂时不写出来,不是否定它,而是更加郑重地看待它。"① 这说明,1949年以后是新民主主义时期,同时也是向社会主义过渡的时期,只不过那时没有公开宣布罢了。后来,当党在社会主义过渡时期总路线公布后,毛泽东明确指出:"标志着新民主主义革命阶段的基本结束和社会主义革命阶段的开始的东西是政权的转变,是国民党反革命政权的灭亡和中华人民共和国的成立。"② "中华人民共和国的成立标志着中国革命由资产阶级民主革命阶段转变到社会主义革命阶段,即进入由资本主义到社会主义的过渡时期。"③ 周恩来在1953年9月的全国政

---

① 《中华人民共和国开国文选》,中央文献出版社1999年版,第249页。
② 《毛泽东文集》第6卷,人民出版社1999年版,第315页。
③ 《毛泽东文集》第7卷,人民出版社1999年版,第1页。

协扩大的常委会上讲得更直接,他说:"新民主主义建设时期,就是逐步向社会主义过渡的时期。"[1]可见,把1949年到1956年都作为新民主主义向社会主义的过渡时期,不仅有充分的理论根据,而且有利于人们正确认识这7年的性质。

2. 第二个时期:1956—1978年

这是探索中国自己的社会主义道路的时期,或者说是突破苏联模式,试图以计划经济体制加政治挂帅、群众运动搞建设的时期,前后共22年。

过去出版的国史书,一般都把1956年至1966年的"十年探索"时期与1966年至1976年的"十年文革"时期相并列。如果说在改革开放初期,在新中国历史仅有30多年的情况下,这样分期还适宜的话,现

---

[1] 《周恩来统一战线文选》,人民出版社1984年版,第255页。

在国史已经 70 年了，再这样分期就不科学了，而且也不利于人们正确认识改革开放前后两个历史时期的关系。"十年文革"的确给党和国家造成了灾难性后果，但就其本质来说，仍然是对中国自己的社会主义道路的一种探索。《历史决议》在分析"文化大革命"发生的历史原因时曾指出："社会主义运动的历史不长，社会主义国家的历史更短，社会主义社会的发展规律有些已经比较清楚，更多的还有待于继续探索。""毛泽东同志是经常注意要克服我们党内和国家生活中存在着的缺点的，但他晚年对许多问题不仅没有能够加以正确分析，而且在'文化大革命'中混淆了是非和敌我。他在犯严重错误的时候，多次要求全党认真学习马克思、恩格斯、列宁的著作，还始终认为自己的理论和实践是马克思主义的，是为巩固无产阶级专政所必需的，这是他的悲剧所在。"① 这些分析说明,"文化大革命"对社会主义的探索虽然是不成功的甚至是失败的,但毕竟是在进行探索;这十年虽然存在时起时伏的动乱,但始终处在社会主义社会,并没有脱离社会主义的轨道、游离于社会主义社会之外。

另外,1976年粉碎"四人帮"到1978年中共十一届三中全会召开的"两年徘徊",虽然停止了"文化大革命",并开始大力抓经济建设,但其追求的目标,是回到"十年探索"的那种状态,而不是要开辟一条新的道路。

可见,把"十年探索""十年文革""两年徘徊"这三个阶段,都纳入1956年开始的对中国自己的社会主义道路的探索时期,不仅符合历史实际,也有利于人们正确认识

---

① 《三中全会以来重要文献选编》下,人民出版社1982年版,第817、815页。

"文化大革命"那十年的性质，有利于抵制把改革开放前后两个历史时期加以割裂和对立的错误思想。

3. 第三个时期：1978—1992 年

这是开创中国特色社会主义道路的时期，或者说是试图以计划经济体制加市场调节搞建设的时期，前后共 14 年。

把这 14 年作为一个时期的原因在于，尽管在此期间启动了改革开放，并不断扩大和加强市场的范围和作用，但整个经济仍然处于计划经济体制的框架之内，没有突破这个体制。

4. 第四个时期：1992—2012 年

这是拓展中国特色社会主义道路的时期，或者说是以建立社会主义市场经济体制为目标模式的时期，前后共 20 年。

把这 20 年作为一个时期，是因为在此期间社会主义市场经济体制替代了原来的计划经济体制。在这一体制下，经济活动虽然还接受国家宏观调控的指导，但资源配置的基础已变成了市场。这一改变，对社会生活的各个层面无疑产生了广泛而深刻的影响。

5. 第五个时期：2012 年以后

这是巩固和完善中国特色社会主义道路的时期，或者说是把改革开放前后两个历史时期对社会主义实践的探索加以整合并最终全面建成小康社会的时期。目前，这个时期还在进行之中。

党的十六大之后，我一度认为 2003 年党中央提出科学发展观，标志国史中出现了一个以科学发展为目标模式的时期。那时我在写文章和讲课中，都把 2003 年作为一个新时期的开始。但 10 年过去了，这一目标在实践中并没有得到认真体现，经济社会各个方面基本上沿着前一阶段的路子在发展。所以，事实说明，党的十六大之后很难成为国史上一个新时期的开始。而党的十八大之后,倒是出现了许多有别于前一个时期的明显特征。

首先,从党中央的论述上看。习近平总书记在党的十九大前夕的"7·26"讲话中指出:"党的十八大以来,在新中国成立特别是改革开放以来我国发展取得的重大成就基础上,党和国家事业发生历史性变革,我国发展站到了新的历史起点上,中国特色社会主义进入了新的发展阶段。"[1] 在十九大报告中,他进一步指出:"十八大以来,国内外形势变化和我国各项事业发展都给我们提出了一个重大时代课题,这就是必须从理论和实践结合上系统回答新时代坚持和发展什么样的中国特色社会主义、怎样坚持和发展中国特色社会主义。"[2] 他还说:"五年来的成就是全

---

[1]《人民日报》2017年7月28日。
[2]《中国共产党第十九次全国代表大会文件汇编》,人民出版社2017年版,第14—15页。

方位的、开创性的,五年来的变革是深层次的、根本性的。""这些历史性变革,对党和国家事业发展具有重大而深远的影响。""经过长期努力,中国特色社会主义进入了新时代。"① 以上论述是党中央对历史时期划分的重大判断,它清楚地表明,无论党和国家事业发生的历史性变革,还是中国特色社会主义进入新时代的重要标志,都发生在党的十八大之后。

其次,从事实上看。关于我国社会主要矛盾的判断,自从1956年以来一直说的是人民日益增长的物质文化需要同落后的社会生产之间的矛盾。但随着我国综合国力不断提升,尤其是GDP总量跃居世界第二,再说我国的社会生产落后已不符合实际了。所以,党的十九大把主要矛盾的提法,改为了

---

① 《中国共产党第十九次全国代表大会文件汇编》,人民出版社2017年版,第7页。

人民日益增长的美好生活需要和不平衡不充分的发展之间的矛盾。关于国家经济发展战略,党中央过去长期把高速增长放在重要位置,而党的十八大以来提出稳中求进的总基调、中高速增长是新常态,提出并统筹推进"五位一体"总体布局、协调推进"四个全面"战略布局。关于改革的问题,党的十八大后更多的是强调要把促进社会公平正义、增进人民福祉作为出发点和落脚点,必须让人民有更多的获得感;同时,不再强调政治体制改革,而是提出改革的总目标是完善和发展中国特色社会主义制度、推进国家治理体系和治理能力现代化,并且强调这绝不是西方化、资本主义化,绝不能把改革定义为往西方政治制度的方向改,否则就是不改革,党的领导是中国特色社会主义最本质的特征。关于宣传思想工作,党的十八大后更多地强调坚持正面宣传为主,绝不意味着放弃舆论斗争，及时反驳错误言论与不争论是两码事，在错误思潮面前要敢抓敢管、敢于亮剑，不要含含糊糊、遮遮掩掩，搞爱惜羽毛那一套，而要以战士的姿态投身宣传思想领域斗争第一线。关于党的建设，党的十八大之后明显突出了一个"严"字，改变了管党治党宽松软的状况，并由中央政治局带头执行八项规定，严厉整治形式主义、官僚主义、享乐主义和奢靡之风，对腐败采取"无禁区、全覆盖、零容忍"态度，并且强调"革命理想高于天"，不要忘记自己是革命者，要求把坚定共产主义和中国特色社会主义的理想信念作为党的建设的首要任务，教育引导全党牢记党的宗旨，挺起共产党人的精神脊梁。关于国际关系，党的十八大之后全面推进中国特色的大国外交，形成全方位、多层次、立体化的外交布局，越来越多地成为国际组织、国际会议、国际行动的发起者、倡导者、组织者，使我国国际影响力、感召力、塑造力进一步提高，日益走近了世界舞台的中央。尤其是在党和国家的指导思想上，除了原来一贯坚持的马克思列宁主义、毛泽东思想、邓小平理论、"三个代表"重要思想、科学发展观之外，党的十九大又增加了习近平新时代中国特色社会主义思想。正是这一思想，正确回答了进入新时代后我们党和国家面临的一系列国内国际重大问题，正确对待和贯通总结改革开放前后两个历史时期的关系和经验，用党的初心校准党和国家的前进航向，引领党和国家沿着社会主义道路继续前进。

可见，无论党中央的论述还是客观事实，都表明党的十八大之后，我们国家确实发生了历史性的变革，在使中国特色社会主义进入新时代的同时，也使改革开放史出现了一个新阶段，使共和国历史出现了一个新时期。正是基于以上原因，自从 2015 年以来，我将第五个时期的起点由 2003 年改为了 2013 年。

不过，正如列宁所说："自然界和社会中的一切界限都是有条件的和可变动的。"① 这表明，在历史分期的问题上，无论某种意见多么接近真理，也都只具有相对的意义。只要是从历史本身的客观实际和内在逻辑出发，从反映历史阶段性特征的角度观察，有关国史分期的各种意见都是可以也是应当在学术范围内平等讨论的，不应当只把某一种意见视为绝对的正确，而把其他意见斥为绝对的错误。另外，上述分期只是就国家宏观历史而言的，至于某些专门史，如学术史、文学史、美术史等，某些地方史，如西藏史、港澳台史等，分期、断限完全可以根据自身的特殊情况决定，不一定非要与国史分期保持一致不可。

---

① 《列宁选集》第 2 卷，人民出版社 1995 年版，第 693 页。

当然，我们也要看到在国史分期的问题上，的确还夹杂着以"历史分期"作幌子以表达某种政治诉求的言论。这类言论并不具有学术性，不在平等讨论的范围，必须揭露它们的政治实质，以提醒人们保持警惕。

例如，有人提出，中国历史至今只有三个时期，即前帝制时期，帝制时期，后帝制时期。这种所谓"历史分期"显而易见是在影射新中国是"后帝制时期"，是没有皇帝的专制社会。

还有人提出，中国近代以来只有两个以标志性事件开始的时期：一是1911年开始的共和时期，二是1978年开始的改革开放时期。这种所谓"历史分期"，从表面看似乎在抬高改革开放的历史地位，但深入想一下就不对了。因为，它完全无视1949年中华人民共和国成立给中国带来的社会形态变化，因此，它所说的"改革开放"，只能是指继承1911年资产阶级"共和"道路的所谓"改革开放"，而不是我们正在进行的社会主义道路上的改革开放。

还有人提出，1949年以来的历史应以1978年为界分为两个时期，前一个时期为现代史，后一个时期为当代史。这种分期的表述，把改革开放前后两段历史与中国近代史相提并论、等量齐观，从表面看好像也在抬高改革开放的历史地位，但深入分析一下就会发现，这等于说改革开放前后如同新中国成立前后一样，在社会形态上是不同的。按照这种"历史分期"，势必导致一种悖论，即如果说改革开放前的社会是社会主义，那么，改革开放后就不是；反之，如果说改革开放后的社会是社会主义，则改革开放前就不是。无论哪种结果，都是对改革开放前后社会性质的歪曲，都是在把改革开放前后两个历史时期加以割裂和对立。

上述这几种对新中国历史的所谓"分期",本质都是借历史分期之名设置的"理论陷阱",与我们要讨论的历史分期问题完全不是一码事。它从反面说明,历史分期和断限不仅具有学术性,有时也有很强的政治性。

四、如何看待国史主线

所谓历史主线,是指贯穿历史始终的主要脉络。它客观存在于历史,但需要有人通过研究加以揭示。历史工作者探寻历史主线的目的,是帮助人们认识历史事件的原因,总结历史过程的得失,找出历史发展的规律,并预测历史前进的走势。因此,探寻历史主线也是史学工作者,尤其是马克思主义史学工作者在历史研究中的一项重要理论工作。

由于人们运用的概念、观察的角度等有所不同,对于历史的主线,尤其是国史的主线,看法往往有所差异。所以,在判断国史的主线之前,应当首先弄清楚什么是史学意义上的和马克思主义语义下的历史主线,给历史主线下一个准确的定义。下这样的定义,当然只能是从马克思主义的经典著作中找根据。

马克思在《路易·波拿巴的雾月十八日》中说:"人们自己创造自己的历史,但是他们并不是随心所欲地创造,并不是在他们自己选定的条件下创造,而是在直接碰到的、既定的、从过去承继下来的条件下创造。"①

恩格斯在《路德维希·费尔巴哈和德国古典哲学的终结》中也说:"在社会历史领域内进行活动的,是具有意识的、经过思虑或凭激情行动的、追求某种目的的人;任何事情的发生都不是没有自觉的意图,没有预期的目的的。"②"如果要去探究那些隐藏在——自觉地或不自觉地,而且往往是不自觉地——历史人物的动机背后并且构成历史的真正的最后动力的动力,那么问题涉及的,与其说是个别人物,即使是非常杰出的人物的动机,

---

① 《马克思恩格斯选集》第1卷,人民出版社2012年版,第669页。
② 《马克思恩格斯选集》第4卷,人民出版社2012年版,第253页。

不如说是使广大群众、使整个整个的民族,并且在每一民族中间又是整个整个阶级行动起来的动机;而且也不是短暂的爆发和转瞬即逝的火光,而是持久的、引起重大历史变迁的行动。"①

恩格斯在致约瑟夫·布洛赫的信中又说:"历史是这样创造的:最终的结果总是从许多单个的意志的相互冲突中产生出来的……这样就有无数互相交错的力量,有无数个力的平行四边形,由此就产生出一个合力,即历史结果。"②

把以上论述概括起来,可以归纳出以下几个观点:第一,历史是由人创造的,而人的行动是有目的的;第二,杰出人物对历史的创造,首先要受到既定历史条件的制约,其次要适应广大人民群众的动机;第三,在

---

① 《马克思恩格斯选集》第4卷,人民出版社2012年版,第255—256页。
② 《马克思恩格斯选集》第4卷,人民出版社2012年版,第605页。

阶级社会中，人民群众是分为不同阶级和利益群体的。因此，必然会有各种各样的相互矛盾的动机，这些动机在经过无数次碰撞和较量后，总会有一些占据上风，从而构成主导历史变化的动因。

可见，在马克思主义经典作家看来，所谓史学意义上的历史主线，是指构成历史主体的人民群众在既定历史条件下对历史变化形成决定性作用的动机，即历史的主要动因。换句话说，历史变化的决定性动机及其结果就是历史的主线。由于人民群众对历史变化的决定性动机不会只有一个，因此，历史的主线也不会只有一条。历史工作者探寻历史的主线，说到底是探寻历史的主要动因，即在特定历史条件下对特定历史变化形成决定性作用的人民群众的那些动机。找到了这些动因，也就找到了历史主线。

关于国史的主线，目前学术界提法有很

多，比较有代表性的提法有以下几种：一种认为，主线是解放和发展生产力；另一种认为，主线是中国人民在中国共产党领导下进行革命、建设和改革；还有一种认为，主线是坚持和探索建设中国的社会主义道路。第一种提法，即主线是解放和发展生产力，适用于许多国家在许多时段的历史，并没有揭示出新中国历史发展的特殊动因。第二种提法，即主线是革命、建设、改革，也未能揭示出新中国历史发展的内在动因，只能说是给国史下的一个定义。第三种提法，即主线是坚持和探索社会主义道路，虽然反映了贯穿国史的特殊动因，但如果仅仅把它看成唯一的动因，也会发生一些不好解释的问题，使一些贯穿国史的重大事件的动因难以用这条主线来涵盖。

纵观新中国迄今为止70年的历史，我认为国史的主线起码有以下三条：

1. 第一条主线：坚持、探索和完善社会主义道路

前面讲到，新中国历史大体可分为五个时期，这五个时期尽管在经济社会发展的目标模式上各有不同，但本质上都是中国人民为了国家强盛、生活富裕、社会安定，在中国共产党领导下坚持、探索和完善社会主义道路的历史。因此，把它作为国史的一条主线是合乎历史实际的。

2. 第二条主线：争取早日实现中国的工业化、现代化

坚持、探索和完善社会主义道路是贯穿国史的一条主线，但争取早日实现中国的工业化、现代化也是一条主线。否则，别的不说，提前向社会主义过渡的动因就很难作出令人信服的解释。

我们党领导人民进行新民主主义革命的最终目的，是引导中国通过社会主义道路把

农业国变为工业国，实现国家的工业化。但新中国成立前夕和初期，毛泽东、刘少奇等党和国家领导人鉴于旧中国现代工业仅占国民经济百分之十不到，且资金匮乏、人才奇缺的实际情况，曾决定先搞一段新民主主义，让城乡资本主义经济再发展10年、15年、20年，以便积累资金、物资、人才，待条件具备后，再重点发展重工业，并相应进入社会主义。然而，新中国成立后仅3年，毛泽东便提出从现在起就要过渡，并用10年至15年时间基本过渡到社会主义，而不是10年或者以后才开始过渡。① 为什么会发生这个变化呢？如果说国史主线只有坚持、探索和完善社会主义道路这一条，很容易使人得出这样的结论，即提前向社会主义过渡是为了尽快走上社会主义道路，就是说，是毛泽

---

① 薄一波：《若干重大决策与事件的回顾》上册，中共党史出版社2008年版，第151页。

东的主观意志决定了向社会主义的提前过渡。前些年，就有人持这样的观点，认为中国提前向社会主义过渡，是毛泽东的社会主义情结所致。然而，实际情况并非如此，即不是毛泽东的个人意志和他的社会主义情结导致了提前向社会主义过渡，而是我国当时所处的外部环境迫切需要优先发展现代国防工业赖以存在的重工业，苏联全面援助我国以优先发展重工业为主要内容的"一五"计划建设又使我国遇到难得的历史机遇，这些客观形势的变化，反映到毛泽东的头脑中，促使他考虑要集中有限的资金、物资、人才，以抓住这一机遇、适应这一变化，提前开展大规模工业化建设，从而改变了原先用一个较长时间实行新民主主义政策的决定，提出立即开始向社会主义过渡的主张。

恩格斯说过："一切社会变迁和政治变革的终极原因不应当到人们的头脑中，到人们对永恒的真理和正义的日益增进的认识中去寻找,而应当到生产方式和交换方式的变更中去寻找;不应当到有关时代的哲学中去寻找,而应当到有关时代的经济中去寻找。"① 新中国刚成立不久,以美国为首的帝国主义国家便出兵干涉朝鲜内战,把战火烧到鸭绿江边,对中国安全构成直接威胁。在抗美援朝战争中,我军基本使用的是从日军和国民党军队缴获的老式武器,而美军则是以现代化工业为后盾,用飞机、大炮等现代化武器装备起来的。所以,使我国发展以重工业为基础的现代工业,显得尤为迫切。有关部门在编制"一五"计划草案时,把苏联等社会主义国家和美欧等资本主义国家的工业化道路进行了反复比较,一致认为必须学习苏联,以优先发展重工业作为"一五"计划的重点。当我

---

① 《马克思恩格斯选集》第3卷,人民出版社2012年版,第797—798页。

们请求苏联对"一五"计划给予援助时,斯大林鉴于中国出兵抗美援朝不仅保住了朝鲜民主主义人民共和国,而且也为保卫包括苏联在内的远东地区的和平与安全作出的巨大贡献和牺牲,"对工业资源的勘察、设计、工业设备、技术资料及派人来苏留学和实习等事,肯定地回答愿尽力之所及予以帮助",并明确表示,中国在朝鲜作战,"也是援助苏联"。①

但是,苏联答应援助"一五"计划建设,虽然使我国优先发展重工业具有了现实可能性,然而,资金匮乏、物资不足和人才奇缺的状况并没有因此改变。

因此,要优先发展重工业,仅仅争取到苏联的援助显然是远远不够的,还必须学习苏联当年搞工业化的办法,即采用高度集中的计划经济体制,相应实行生产资料的国有

---

① 《陈云传》上,中央文献出版社 2005 年版,第 820 页。

化和集体化。要这样做,当然不再是新民主主义,而是社会主义的政策了。可见,是当时我国安全形势的变化、优先发展重工业方针的确定、苏联对我国"一五"计划建设的全面援助,促成了提前向社会主义过渡的决策,而不是倒过来,为了搞社会主义而提前向社会主义过渡,或者为了提前向社会主义过渡才决定优先发展重工业。

党中央在1953年制定社会主义过渡时期总路线时,明确指出工业化是主体,对资本主义工商业和农业、手工业的社会主义改造是"鸟之两翼";向社会主义过渡是围绕工业化、为了工业化的。[①]这些提法都充分说明,提前向社会主义过渡是为了早日实现工业化。后来,在第三个五年计划实施前夕,周总理又根据毛泽东的意见,于1964年全国人大

---

① 《毛泽东传(1949—1976)》上,中央文献出版社2003年版,第269页。

三届一次会议上提出20世纪末实现工业、农业、科学技术和国防四个现代化,并在1974年全国人大四届一次会议上对这一目标予以重申。改革开放后,党中央先是强调"四个现代化"的目标,后来又提出走新型工业化道路,在21世纪头20年内基本实现工业化,在新中国成立100年时达到中等发达国家水平。党的十九大,习近平总书记的报告进一步提出,到2035年基本实现现代化,到21世纪中叶建成富强民主文明和谐美丽的社会主义现代化强国。所有这些都说明,除了坚持、探索和完善社会主义道路之外,争取早日实现中国的工业化、现代化,也是贯穿迄今为止70年国史的一条主线。

3. 第三条主线:捍卫国家的主权领土完整、维护国家统一和安全、争取世界的和平和进步

新中国成立后,先后在周边打了五次影

响较大的仗：第一仗是抗美援朝战争，第二仗是中印边境自卫还击战，第三仗是抗美援越战争（主要是后勤和防空支援），第四仗是中苏珍宝岛战斗（规模虽不大，但导致中苏边境局势长时间紧张），第五仗是对越自卫还击战。如果说这些战争、战斗都是受坚持、探索和完善社会主义道路这条线的支配，或者是受争取早日实现中国工业化、现代化这条主线的支配，显然都是说不通的。另外，新中国自成立以来，一贯反对帝国主义的战争政策，始终站在被压迫民族一边，为捍卫世界和平、人类进步事业而不懈努力。如果说这也是受上述两条主线支配的，显然也说不通。可见，除了上述两条主线之外，国史中还有一条贯穿始终的主线，那就是捍卫国家的主权和领土完整、维护国家统一和安全、争取世界和平和进步。过去站在社会主义阵营一边、倡导和平共处五项原则、炮击金门、平息西藏少数分裂分子叛乱,是受这条主线所支配的;后来提出"三个世界"划分理论、反对"两霸"、打破西方制裁、提出"一国两制"和和平统一方针、把和平和发展当作当今时代的主题、收回港澳主权、遏制"台独"、打击"藏独""疆独"等,也是受这条主线支配的;最近几年,在东海和南海与各种敌对势力作斗争,反对在朝鲜半岛部署"萨德"反导系统、推动"一带一路"建设、倡导构建人类命运共同体、目前在贸易和高科技领域反制美国打压等,同样是受这条主线支配的。

综上所述,如果把关于历史主线的理论与国史的具体实际相结合,便可以清楚地看出,中国人民在中国共产党领导下创造历史的基本动因,即国史主线,起码有三条:第一,坚持、探索和完善社会主义道路;第二,争取早日实现中国的工业化和现代化;第三,捍卫国家的主权和领土完整、维护国家统一和安全,争取世界的和平和进步。在这三条主线中,第一条最重要,但它代替不了另外两条。这三条主线既相互区别又相互联系,共同影响和左右着国史的发展。国史迄今为止发生的所有重大事件,几乎都可以从这三条主线中找到相应的答案。抓住了这三条主线,也就抓住了国史发展的主要线索、主要脉络,而且可以大致预测出新中国未来发展的基本走向。从一定意义上说,它们就像三把钥匙,可以打开一系列共和国史的问题之门;它们也像三个主题,交汇构成共和国史的交响曲。

2010年,习近平同志在全国党史工作会议上的讲话提出,要牢牢把握党的历史发展的主题和主线、本质和主流,并指出党史的主题和主线,就是我们党团结带领人民,为争取民族独立、人民解放和国家繁荣富强这两大历史任务而不懈奋斗。这一命题的提出,对于端正党史研究的方向具有重大意义。他在这里虽然只讲了一条主线,但我认为与国史有三条主线的提法并不矛盾。首先,他是从政治的高度讲党史的主线,而我在这里是从学术角度讲国史的主线;其次,他讲的党史主线中的两大内容,既包括争取民族独立、人民解放,也包括国家繁荣富强,与我所说的国史三条主线,既有坚持、探索和完善社会主义道路,也有争取早日实现中国工业化和现代化,捍卫国家主权和领土完整、维护国家的统一和安全、争取世界的和平和进步,二者之间从本质上看并不矛盾,是完全一致的。

五、如何分析国史的主流

所谓历史的主流,是相对于历史支流而言的。评判什么是历史的主流,是指一定历史时期放在当时历史条件下看,究竟光明、进步、积极一面为主,还是黑暗、倒退、消极一面为主。历史工作者,尤其是马克思主义史学工作者所以要分析并回答这个问题,同样是为了帮助人们在纷繁复杂的历史过程中,认清和把握历史的主要方面。因此,这同样是国史研究工作中的一个重要理论问题。

关于新中国迄今 70 年历史的主流,从目前学术界看,多数人认为改革开放后的 40 年基本是正面为主的,主流是好的;而对于改革开放前的 29 年,不少人要么不能理直气壮地表示应以正面为主,要么或明或暗地认为应以负面为主，个别人甚至把那段历史描绘得一团漆黑，认为比旧中国都不如。因此，要回答什么是国史主流的问题，关键在于如何看待改革开放前那段历史，尤其是那段历史中的失误和曲折。

大量事实说明，如何看待国史的主流，往往是和如何看待改革开放前后两个历史时期的关系联系在一起的，而如何看待这个问题又是和如何看待改革开放与四项基本原则的关系联系在一起的。只要稍加观察就不难看到，凡是怀疑和反对改革开放的，往往会用改革开放前的历史否定改革开放后的历史；凡是怀疑和否定四项基本原则的，往往会用改革开放后的历史否定改革开放前的历史；凡是把中国特色社会主义看成"新民主主义的回归"和"民主社会主义""社会民主主义"，或者看成"资本主义复辟"的，必然会把这两个历史时期加以割裂和对立；同样，凡是把这两个历史时期加以割裂、对立、相互否定的，也必然会反对或曲解中国特色社会主义道路。即使在能够正确认识中国特色社会主义的人中，也有许多人对如何认识这两个历史时期的关系感到拿不准，不敢理直气壮地说它们的主流都是正面的，担心这样说会抬高改革开放前，贬低改革开放后。可见，如何评价改革开放前的历史，不仅是一个历史研究领域的问题，也是现实性很强的政治问题。

从新中国成立到"文化大革命"结束之前的27年，加上1976年粉碎"四人帮"到中共十一届三中全会召开之前的两年，一共是29年。在这29年里，确实有过全局性、长时段的重大失误和曲折，例如"大跃进"和"文化大革命"。对此，我们不应当忽视，更不应当掩饰，否则不可能从中吸取教训。但另一方面，我们也不能孤立地片面地看待它们,更不能夸大它们,把它们看成那段历史的主流,因为,那样更不可能正确总结经验,反而还会一叶障目,导致对那段历史的全盘否定和对社会主义制度的怀疑。那么,如何才能做到正确分析那段历史的失误和曲折呢?我认为,要做到这一点,必须把辩证唯物主义和历史唯物主义的基本观点同那段历史的具体问题相结合,确立以下五个观点。

1. 要把失误、曲折与成就、本质放在一起比较,看哪个方面更重要

关于改革开放前历史时期的成就、成绩,党中央在改革开放后的各个时期都有过一系列论述,观点是明确的,也是始终一贯的。

1979年邓小平在理论务虚会上指出:"社会主义革命已经使我国大大缩短了同发达资本主义国家在经济发展方面的差距。我们尽管犯过一些错误,但我们还是在三十年间取得了旧中国几百年、几千年所没有取得过的进步。"①

1981年作出的《历史决议》中指出:中华人民共和国成立以后的历史,"总的说来,是我们党在马克思列宁主义、毛泽东思想指导下,领导全国各族人民进行社会主义革命和社会主义建设并取得巨大成就的历史。社会主义制度的建立,是我国历史上最深刻最伟大的社会变革,是我国今后一切进步和发展的基础"。"忽视或否认我们的成就,忽视或否认取得这些成就的成功经验,同样是严重的错误。"②

1989年江泽民同志在庆祝新中国成立40周年大会上指出:"中华人民共和国成立

---

① 《邓小平文选》第2卷,人民出版社1994年版,第167页。
② 《三中全会以来重要文献选编》下,人民出版社1982年版,第794、798页。

以来的四十年,是中国历史发生翻天覆地变化的四十年,是经历艰难曲折、战胜种种困难、不断发展进步的四十年,是中华民族扬眉吐气、独立自主、在国际事务中日益发挥重要作用的四十年。"①

2007年胡锦涛同志在党的十七大报告中指出:"我们要永远铭记,改革开放伟大事业,是在以毛泽东同志为核心的党的第一代中央领导集体创立毛泽东思想,带领全党全国各族人民建立新中国、取得社会主义革命和建设伟大成就以及艰辛探索社会主义建设规律取得宝贵经验的基础上进行的。新民主主义革命的胜利,社会主义基本制度的建立,为当代中国一切发展进步奠定了根本政治前提和制度基础。"②

2013年习近平总书记在"1·5"重要讲

---

① 《十三大以来重要文献选编》中,人民出版社1991年版,第611页。
② 《人民日报》2007年10月24日。

话中指出：改革开放前后两个历史时期，"是两个相互联系又有重大区别的时期，但本质上都是我们党领导人民进行社会主义建设的实践探索……两者决不是彼此割裂的，更不是根本对立的。不能用改革开放后的历史时期否定改革开放前的历史时期，也不能用改革开放前的历史时期否定改革开放后的历史时期。"[①] 在2016年中国共产党成立95周年纪念大会上，他又指出：新中国在改革开放前，"完成社会主义革命，确立社会主义基本制度，消灭一切剥削制度，推进了社会主义建设。这一伟大历史贡献的意义在于，完成了中华民族有史以来最为广泛而深刻的社会变革，为当代中国一切发展进步奠定了根本政治前提和制度基础，为中国发展富强、中国人民生活富裕奠定了坚实基础，实现了中华

---

① 《人民日报》2013年1月6日。

民族由不断衰落到根本扭转命运、持续走向繁荣富强的伟大飞跃"①。

党中央以上的决议、报告、讲话,高度概括了改革开放前历史的本质和主流,基本反映了我们党对那一时期的总体评价,是我们正确认识那段历史的主要理论依据。只要把那段历史中的失误、曲折,包括"大跃进"和"文化大革命"那样的严重错误,同以上论述所列举的成就放在一起加以比较,孰重孰轻,谁主谁次,就会一目了然。

2. 要对失误和错误具体分析,不能因为有些事情有失误、错误就对那些事情全盘否定

首先,要分析失误和错误是普遍的、全局的现象,还是个别的、局部的现象。例如,改革开放前曾发动过一系列政治运动,其中像"大跃进"刮起的"浮夸风""共产风","文

---

① 《人民日报》2016年7月2日。

化大革命"的"打倒一切、全面内战"等错误，都是普遍的、全局性的。但像新解放区土改运动和"三反""五反"运动中的错误，则是个别的或局部的，而且一经发现很快得到了纠正。如果不加分析，看到哪个运动中有缺点有错误就予以全盘否定，势必会得出改革开放前的历史是一连串错误集合的结论。

其次，要分析存在失误和错误的工作中是否也有正确的合理的成分，这些正确的合理的成分对以后工作是否也起到了一定的积极作用。例如，新中国成立初期，思想文化领域进行的几场比较大的批判运动，存在把思想性、学术性问题简单化、政治化的倾向，有的甚至混淆了敌我、敌友的界限，显然是十分错误的。但也应当看到，正是那些大张旗鼓的批判，加上与此同时进行的知识分子思想改造运动，使文艺界、学术界、教育界原先存在的封建主义的和资产阶级唯心主义、"民主个人主义"、自由主义的思想受到了强烈冲击和迅速清理，使辩证唯物主义和历史唯物主义、为人民服务和人人平等的无产阶级思想很快为大多数旧社会过来的知识分子所接受。如果不加分析，把那几场批判运动中犯的错误连同其中合理的正确的成分一概否定，就难以解释为什么马克思主义过去仅在农村根据地、解放区占主导地位，而新中国成立后短短几年内，就成为全国特别是城市中的主流意识形态。

最后，要把犯错误和犯错误的时期加以区别，不能因为某个时期犯了错误，就把那个时期的工作统统否定。比如，"大跃进"使"左"倾错误严重泛滥，给国民经济造成很大损害。但"大跃进"前后持续了三年时间，在那三年里，新建、扩建了十大钢铁厂，以及一批有色金属冶炼厂和几十个煤炭企业和发电厂，其中包括至今还在发挥作用的武钢、攀钢等。据统计，目前仍在使用的八万多个大中型水库，几乎一半是那三年建设的；1964年前重工业部门新建的大中型项目，也有三分之二是那三年开工兴建的；就连大庆油田，也是在那一时期被发现和开始建设的。那一时期建起来的县办社办工业，虽然后来由于国民经济调整而纷纷下马，但很多在"文化大革命"中又"死灰复燃"，为改革开放初期乡镇企业的"异军突起"，打下了一定基础。

"文化大革命"是新中国成立后犯的最为严重的错误，但它持续了10年之久，在那10年里，我们党除了开展"文化大革命"运动，还做了许多其他工作。《历史决议》说：在"文化大革命"期间，"我国社会主义制度的根基仍然保存着，社会主义经济建设还在进行，我们的国家仍然保持统一并且在国际上发挥重要影响"。"国民经济虽然遭到巨大损失,仍然取得了进展。"例如,在那10年里,我国建成了成昆、湘黔、焦枝等9条铁路(包括宝成电气化铁路),南京长江大桥,北京地铁一号线,两条长距离输油管道,连通大部分省的微波通信干线,第一艘导弹驱逐舰和核潜艇,第一个卫星地面站,第一台每秒运算百万次的大型电子计算机,全国电视网;成功爆炸了氢弹,进行了地下核试验,发射了人造卫星和洲际导弹,回收了返回式人造卫星,培养了籼型杂交水稻,进行了万吨远洋科学调查船的首次航行;就连前几年获得诺贝尔奖的抗疟疾特效药青蒿素,也是那一时期试验成功的。《历史决议》还说:"在国家动乱的情况下,人民解放军仍然英勇地保卫着祖国的安全。对外工作也打开了新的局面。当然,这一切决不是'文化大革命'的成果,如果没有'文化大革命',我们的事业会取得大得多的成就。"① 以上事实都说明，绝不能把"文化大革命"运动与"文化大革命"时期画等号，不能因为要彻底否定"文化大革命"，就否定我们党和国家在"文化大革命"时期所做的全部工作和社会主义建设事业所取得的重大成就，更不能因此而否定那一时期我们党和国家的原有性质。

3. 要把失误和错误放在特定的历史条件下分析，并把那时可以避免的和难以避免的失误和错误区分开来

所谓客观条件限制有两种：一种是实践不够，缺少经验；另一种是物质不够，缺少条件。例如，改革开放前在很长时间内积累率过高，对消费品生产的资金、原材料安排不足，使人民生活水平提高不快；尤其是对农业、农民索取过多，给予过少，造成农村

---

① 《三中全会以来重要文献选编》下，人民出版社1982年版，第815—817页。

大部分地区面貌变化不大。这与我们对积累与消费比重的安排不当,对农业与农民的照顾不够有关,更与当时为进行大规模工业化基本建设需要积累资金、以较低价格向城市居民提供商品粮、向工业提供农业和林业产品有关。财政的"底子薄"是新中国初期的基本国情。然而,面对帝国主义的军事威胁、经济封锁,又必须走优先发展重工业的道路,以便尽快增强国力、巩固国防。而要这样做,在工业品极少、农产品的商品率不高的情况下,只能用较低价格从农民手里购买粮食等农产品,以便从国外换回先进的工业设备,适应工业人口不断增加的需要。如果任凭农副产品价格随行就市,财政开支势必无法控制,工业化建设的计划就会落空。所以,不得不对粮食、棉花、油料作物和木材等主要农副产品实行统购统销政策,从而相对牺牲农民的一部分利益,暂时抑制人民的某些消费。陈云当年就说过:"中国是个农业国,工业化的投资不能不从农业上打主意。搞工业要投资,必须拿出一批资金来,不从农业打主意,这批资金转不过来。"① 他还说:"缩小工农业产品价格的剪刀差,这是我们的目标,共产党的政权必须这样做,不能忘记。革命就是为了改善最大多数人民的生活,但是由于我们工业品少,也不要以为很快可以做到。这个问题我有责任说清楚,因为还要积累资金,扩大再生产。"② 所以,从这个意义上说,那一时期与改革开放相比,人民生活水平提高不快,农村面貌变化不大,是工业化基础建设不得不付出的必要代价。即使不犯"大跃进"、反右倾、"文化大革命"的错误,这些问题仍然会存在,只不过错误加重了困难的程度,延长了困难的时间,使各种票证越发越多罢了。

---

① 《陈云文选》第2卷,人民出版社1995年版,第97页。
② 《陈云文选》第2卷,人民出版社1995年版,第194—195页。

4. 要分析造成失误和错误的主观原因，同时要把好心办坏事与个人专断、个人专断与专制制度加以区别

在可以避免的错误中也有两种，一种是个人专断，一种是急于求成。对于急于求成，邓小平作过一个分析，他说："我们都是搞革命的，搞革命的人最容易犯急性病。我们的用心是好的，想早一点进入共产主义。这往往使我们不能冷静地分析主客观方面的情况，从而违反客观世界发展的规律。中国过去就是犯了性急的错误。"[①] 这个分析完全符合实际，也十分中肯。正因为是好心办了坏事，所以错误一旦被发现，我们党和政府才有可能立即正视错误，承认错误，并积极采取措施纠正错误。

例如，"大跃进"中"浮夸风""共产风"的错误加上自然灾害，使农业大幅度减产，

---

① 《邓小平文选》第3卷，人民出版社1993年版，第139—140页。

储备粮严重不足，人民群众普遍吃不饱，很多人由于营养不良患浮肿病，一些地方甚至出现饿死人的现象。但党和政府一经发现问题，立即紧急调运储备粮，并从国外进口粮食，查处向上级封锁消息的案件，千方百计增加城市居民的大豆、鱼类供应，发放各种生活必需品的票证，保障人民群众的基本营养需要。各级领导干部还带头减少粮食定量，与人民共度时艰。各级政府也发扬党的优良传统，在工作中设身处地为老百姓着想，尽可能把工作做深做细。例如，当时全国粮票、油票的最小学位都是一两，而上海除了有半两粮票外，还考虑到江浙一带人民有吃汤面的习惯，印有一钱六分五厘的油票。正因为上下同甘共苦，党和政府的工作周到细致，所以，尽管那时生活十分艰难，但人民群众对党和政府仍然高度信任、充分体谅，从而齐心协力，很快渡过了难关。

个人专断与急于求成的问题有所不同，《历史决议》对此进行了全面而深入的分析。其中指出：这种问题的根源在于骄傲、脱离实际和脱离群众，表现在于把个人凌驾于组织之上，后果在于使党和国家政治生活中的集体领导原则、民主集中制原则受到削弱以至破坏，社会原因在于党内民主和国家政治生活中的民主缺少制度化、法律化以及权力过分集中于个人，历史原因在于长期封建社会造成的专制主义思想影响。因此，必须汲取"文化大革命"的教训，健全党和国家的民主集中制和集体领导的制度。

不过，我们也必须看到，受专制主义思想的影响与封建专制制度是本质完全不同的两码事。前者是思想作风问题，后者是社会性质问题，不能相互混淆。从本质上讲，社会主义制度是与个人专断这类专制主义思想格格不入的，正因为如此，我们党才能在社会主义制度的框架内,提出并着手纠正这种问题。另外,在指出这一问题时,也不能把它仅仅归咎于某个人或某些人,而应当注重于总结经验,并在党和国家的领导制度、干部制度等政治体制上进行改革,以免后人重犯类似错误。党的十七大报告在讲到严格执行民主集中制时,仍然强调要"健全集体领导与个人分工负责相结合的制度,反对和防止个人或少数人专断"[①]。习近平总书记在2013年全国组织工作会议上也指出:"在贯彻执行民主集中制方面,既有发扬民主不够导致的主要领导独断专行的问题,也有正确集中不够造成的领导班子软弱无力的问题,相对来说,前者更为突出一些。"[②] 这说明,即使改革开放后,仍然存在个别人或少

---

① 《十七大以来重要文献选编》上,中央文献出版社2009年版,第39—40页。

② 《十八大以来重要文献选编》上,中央文献出版社2014年版,第353页。

数人专断的情况。封建专制主义思想影响在我国有深厚的历史根源，不会只在某个人或某些人身上起作用，也不会仅在短时间内就被清除干净，更不能因为存在某些人独断专行的现象，就妄言中国共产党是什么专制主义的党、中华人民共和国是什么专制主义的国家。

5. 要看前面的历史对于后面历史所起的作用是积极面为主，还是消极面为主

改革开放无疑是决定当代中国命运的关键抉择，但它不是在1949年旧中国那个满目疮痍的烂摊子上起步的，而是在以毛泽东为核心的党的第一代中央领导集体创立毛泽东思想，并带领全党全国人民建立新中国，取得社会主义革命和建设伟大成就，以及艰辛探索社会主义建设规律、取得宝贵经验的基础上进行的。这个基础对于改革开放的意义，我认为起码体现在以下五个方面：

第一,提供了改革开放的政治前提。例如,取得了国家的独立、统一,实现了民族的大团结,建立了社会主义基本制度,维护了国家的安全和社会稳定。如果没有这个前提,改革开放是不可想象的。

第二,提供了改革开放的物质基础。例如,建立了独立完整的工业体系和国民经济体系,拥有了雄厚的固定资产。1978年,我国固定资产比新中国成立时增长了56.3倍。而且,正因为那时我国已成立了完整工业体系,所以现在才可能成为世界上唯一一个拥有联合国产业分类的全部工业门类中41个大类、207个中类、666个小类的国家。如果没有这个前提,改革开放也是不可想象的。

第三,提供了改革开放的外部条件。例如,与世界上大多数国家建立了外交关系,在第三世界中拥有极高威望,在联合国恢复了合法席位,顶住了大国沙文主义妄图控制中国的压力,搞出了"两弹一星",打破了帝国主义对中国的封锁。正如邓小平所说:"毛泽东同志在他的晚年还提出了关于三个世界划分的战略思想,并且亲自开创了中美关系和中日关系的新阶段,从而为世界反霸斗争和世界政治前途创造了新的发展条件。我们能在今天的国际环境中着手进行的四个现代化建设,不能不铭记毛泽东同志的功绩。"[①]他还说过:"毛泽东同志在世的时候,我们也想扩大中外经济技术交流,包括同一些资本主义国家发展经济贸易关系,甚至引进外资、合资经营等。但是,那时候没有条件,人家封锁我们……毛泽东同志关于三个世界划分的战略思想,给我们开辟了道路。"[②]"如果六十年代以来中国没有原子弹、氢弹,没有发射卫星,中国就不能叫有重要影响的大国,

---

[①]《邓小平文选》第2卷,人民出版社1994年版,第172页。
[②]《邓小平文选》第2卷,人民出版社1994年版,第127页。

就没有现在这样的国际地位。"① 显然，没有这个前提，改革开放照样是难以想象的。

第四，提供了改革开放的政治保证。例如，形成了关于社会主义制度的一系列基本政治原则，其中最重要的，就是邓小平在改革开放后提出的四项基本原则。没有这个前提，改革开放更是不可想象的。

第五，提供了改革开放可资借鉴的经验教训。邓小平说过："过去的成功是我们的财富，过去的错误也是我们的财富……没有'文化大革命'的教训，就不可能制定十一届三中全会以来的思想、政治、组织路线和一系列政策。"② 可见，即使是那段历史的错误，经过我们党的正确总结，也起到了促进改革开放的作用。

2015年，中国人民大学出版社出版了

---

① 《邓小平文选》第3卷，人民出版社1993年版，第279页。
② 《邓小平文选》第3卷，人民出版社1993年版，第272页。

一本名为《高思在云》的书，作者朱云汉是台湾大学政治学系教授、蒋经国基金会秘书长，并不信仰唯物史观，但他在对中印两国20世纪50年代初以来发展情况进行比较这一点上，却是符合历史的。书中写道："一般流行的看法都认为，从1949年新中国成立到1978年'改革开放'这前面30年都浪费掉了，走了很长的冤枉路，甚至可以说完全是'黑暗时期'。这个认知并不正确，至少是以偏概全。""如果拿中国与印度相比，政治与社会体制对经济结构转型的提振或制约作用就很明显了。1950年代的中国与印度几乎处于相同的贫穷与落后状态，但经过一甲子之后，在联合国开发计划署编列的'人类发展'（Human Development）所有指标上，中国的长期表现明显优于印度。"

书中还写道："1978年之前的30年，中国建设了动员能力特别强的现代国家体制，这个体制在中国历史上、在这片土地上从来没有出现过,其动员、渗透的能力达到社会的最底层。中国建立了非常强的国家意识,可以将社会中多数人的意志力凝聚在需要最优先发展的目标上;在民族复兴的大旗帜下,中央政府享有调动全国资源集中使用的正当性。另外,中国完成了一场相当彻底的社会主义革命,它把私有财产权,尤其是最重要的土地资本与工业资本国有化或集体化。除了农村土地外,这个庞大国家的集体资产大部分是国有资产,这成为中国后来30年快速发展的资本。其他很多国家没有走这条激进的革命道路,很难复制这个历史条件。"①

无独有偶,清华大学出版社2016年也出版了一本名为《伟大的中国工业革命》的书,作者文一是美国联邦储备银行分行助理副行

---

① 朱云汉:《高思在云》,中国人民大学出版社2015年版,第124—126页。

长、清华大学讲席教授。书中说，英国和欧洲的工业革命并不像过去宣传的那样起源于对私有权的保护、市场经济、民主制度，而是靠政府力量支持乡镇企业、扩大海外市场、保护原料产地，进一步解决交通、能源、机械制造、通信等问题逐步兴起的。中国改革开放后的工业革命之所以成功，恰恰在于不自觉地走了这条路。而改革开放前30年取得的国家独立统一、社会稳定，建立的以共产党为核心的政治制度，以及广大农村的土改、合作化和社队企业，为这场工业革命奠定了基础。他的观点虽然有可以商榷之处，但指出英国工业革命成功的原因不在于所谓西方民主道路，中国改革开放前打下的基础对改革开放的成功有重要作用，这些无疑是很有见地的。

改革开放后的国内国际形势越来越清楚地证明，如果当初没有改革开放，新中国历史的确难以为继；但如果没有改革开放前30年打下的基础，改革开放也是难以起步的；起步后如果抛弃了改革开放前树立的根本指导思想、建立的基本社会制度，改革开放也不可能顺利进行，相反，很可能中途夭折，导致出现苏联那种党下台、国分裂的局面。

根据以上分析，我认为对于改革开放前的那段历史可以作出三个结论性的评价：

其一，改革开放前的历史尽管有失误有曲折，但本质是探索过程中的失误和曲折，主流是成就是进步，评价应当以正面为主。

其二，改革开放前的历史尽管在城乡面貌的改变和人民生活水平的提高方面，远不如改革开放后那么显著，但这并不表明那段历史没有成绩或成绩不大。如同盖楼一样，打地基时的变化不容易让人看出来，但楼房盖得快盖得高，反过来可以说明地基打得好、打得牢。

其三,改革开放前与改革开放后两个历史时期是内在统一和不可分割的整体,我们完全可以说,新中国的70年是伟大、光辉的70年,是值得每一个中国人为之骄傲、自豪的70年。

六、如何总结和研究国史经验

总结和研究历史经验是史学研究的重要内容和目的之一,也是为政者要做的一项重要工作。作为史学家的司马迁说过,网罗天下旧闻加以考据,是为了"稽其成败兴坏之理"[①]。刘知几说:史之为用,"为国家之要道"[②]。龚自珍说:"欲知大道,必先为史。"[③] 作为政治家的唐太宗说:"以史为鉴,可以知兴替。"[④] 毛泽东也说过:"我们要研究哪些是过去的成功和胜利,哪些是失败,前车之覆,后车之鉴。"[⑤]

---

① 《汉书·司马迁传》。
② 《史通·史官建置》。
③ 《龚自珍全集·尊史》。
④ 《新唐书·魏征传》。
⑤ 《毛泽东文集》第2卷,人民出版社1993年版,第399页。

"好的政策都是经验之总结。"[1] 我们不仅要学习前人通过总结经验留下的结论,还要"从自己经验中考证这些结论,吸收那些用得着的东西,拒绝那些用不着的东西,增加那些自己所特有的东西"[2]。习近平2007年到中央工作后,在题为《领导干部要读点历史》的讲话中进一步指出:"重视对历史的学习和对历史经验的总结与运用,善于从不断认识和把握历史规律中找到前进的正确方向和正确道路,是我们党之所以能够领导中国革命、建设、改革不断取得胜利的一个重要原因。"要"善于借鉴历史上治理国家和社会的各种有益经验"[3]。他们的论述说明,无论史学工作者还是实际工作者,总结和研究历史经验,对于治国理政都有着极其重要的意义。

---

[1] 《毛泽东文集》第2卷,人民出版社1993年版,第417页。
[2] 《毛泽东选集》第1卷,人民出版社1991年版,第181页。
[3] 《学习时报》2011年9月5日。

不过，史学工作者和实际工作者总结和研究历史经验的目的也有不同，前者是为了给为政者治国理政提供历史借鉴，即人们常说的资政；而后者则要直接用于实际工作。具体到国史工作者和当代各部门各地方的为政者，只要是党领导的，"治国理政"的"国"，指的都是社会主义的"国"，"政"也指的是为人民服务的"政"。因此，无论是谁，总结和研究历史经验，都要站在人民群众根本利益的立场上，都要以马克思主义为指导。在这些方面，是没有也不应当有什么不同的。至于在总结和研究的方法上，我认为对于国史工作者来说，当前更应当强调以下两点：

1. 既要总结和研究各个领域的历史经验，也要从宏观层面进行综合总结和研究

人们认识事物总是先从个别再到一般，先从局部再到整体。总结和研究国史的经验，同样需要遵循这样的认识路线。毛泽东在延

安时期论述调查研究工作时曾说过:对于近百年的中国史,"应先作经济史、政治史、军事史、文化史几个部门的分析的研究,然后才有可能作综合的研究"①。他的这个意见,也应当成为我们今天总结、研究国史经验的指导方针。

在国史各个领域的经验中,需要研究的问题很多。例如,在政治史领域,有完善人民代表大会制度,使党的主张通过法定程序成为国家意志的历史经验;坚持共产党领导的多党合作的政党制度的历史经验;人民政协履行政治协商、民主监督、参政议政职能的历史经验;完善中国特色社会主义法律体系的历史经验;深化政治体制改革的历史经验;加快行政管理体制改革的历史经验;调整地方行政区划和行政建制的历史经验;建

---

① 《毛泽东选集》第3卷,人民出版社1991年版,第802页。

立健全既相互制约又相互协调的权力结构及其运行机制的历史经验；健全基层社会管理体制，加强社会组织建设和管理的历史经验；加强反腐倡廉建设的历史经验；加强国防和人民军队建设的历史经验；巩固和发展平等团结互助和谐的社会主义民族关系的历史经验；发挥宗教界人士和信教群众在促进经济社会发展中积极作用的历史经验；等等。

在经济史领域，有完善社会主义市场经济体制的历史经验；加快转变经济增长方式的历史经验；推进经济结构调整的历史经验；提高自主创新能力的历史经验；提高经济整体素质和国际竞争力的历史经验；正确处理城乡关系的历史经验；建立合理的收入分配制度，使收入差距维持适当比例的历史经验；保持物价平稳的历史经验；增加粮食与经济作物生产，确保粮食安全的历史经验；提高节能环保水平的历史经验；加强跨行政区域经济协作的历史经验;等等。

在文化史领域,有坚持和加强马克思主义在意识形态领域指导地位的历史经验;建设社会主义核心价值体系的历史经验;加强和改进思想政治工作的历史经验;加强社会主义精神文明建设的历史经验;全面贯彻党的教育方针的历史经验;贯彻"双百"方针,繁荣和发展社会主义先进文化的历史经验;对祖国传统文化取其精华、去其糟粕的历史经验;批判地吸收世界先进文化的历史经验;深化文化体制改革的历史经验;实施文化"走出去"战略,争取国际交流话语权的历史经验;维护意识形态安全,防范敌对势力渗透的历史经验;等等。

在社会史领域,有社会综合治理和维护稳定的历史经验;加强与完善党和政府主导的维护群众权益机制的历史经验;建立覆盖城乡居民的社会保障体系的历史经验;建立基本医疗卫生制度的历史经验；加强与完善流动人口和特殊人群管理和服务的历史经验；坚持和完善计划生育政策的历史经验；加强与完善公共安全体系的历史经验；加强与完善非公有制经济组织、社会管理及社会工作的历史经验；等等。

在外交史领域，有判断时代特征和国际形势，制定国际战略的历史经验；奉行独立自主的和平外交政策的历史经验；坚持在和平共处五项原则基础上发展与不同制度国家关系的历史经验；同发达国家战略对话的历史经验；同周边国家加强睦邻友好和务实合作的历史经验；同发展中国家加强团结合作，提供力所能及援助的历史经验；积极参与多边事务，在国际组织中发挥建设性作用，反对霸权主义和强权政治，推动国际秩序向更加公正合理方向发展的历史经验；捍卫国家领土完整，维护国家主权独立，打破帝国主义封锁和制裁的历史经验;等等。

在祖国统一史的领域,有贯彻"一国两制"方针的历史经验;维护港澳长期繁荣、稳定,反对外国势力干预、捣乱的历史经验;促进海峡两岸和平统一的历史经验;反对和遏制"台独"分裂势力的历史经验;反对、遏制和打击"藏独""疆独""港独"等分裂势力的历史经验;等等。

以上这些不同领域的历史经验,无论对于国史工作者还是为政者,都很重要,都需要认真加以总结和研究。但是,相对于整个国家的全局来说,它们仍然属于局部的经验。哪些是国家全局性、整体性的经验呢?像《历史决议》所总结的改革开放前历史时期的 10 条经验,如社会主义经济建设必须从我国国情出发、量力而行、积极奋斗,社会主义生产关系的变革和完善必须适应于生产力的状况等,就是这种经验。江泽民同志在纪念中共十一届三中全会召开20周年大会讲话所总结的11条经验，如必须坚持党的马克思主义的思想路线，必须全面、正确、积极地贯彻执行党在社会主义初级阶段的基本路线，必须把集中力量发展社会生产力摆在首要地位等，也是这种经验。胡锦涛同志在纪念中共十一届三中全会召开30周年大会讲话所总结的10条经验，如必须把坚持马克思主义基本原理同推进马克思主义中国化结合起来，必须把坚持四项基本原则同坚持改革开放结合起来，必须把尊重人民首创精神同加强和完善党的领导结合起来等，同样是这种经验。习近平总书记在庆祝中国共产党成立95周年大会上讲话中所总结的"不忘初心、继续前进"的8条经验，如坚持把马克思主义基本原理同当代中国实际和时代特点紧密结合起来，不断把马克思主义中国化推向前进；坚定共产主义远大理想和中国特色社会主义共同理想,不断把为崇高理想奋斗的伟大实践推向前进;坚持党的基本路线不动摇,不断把中国特色社会主义伟大事业推向前进等,更属于这种经验。对于这些经验,国史工作者应当拿出更多的精力认真研究,以求不断深化对它们的认识。

一般地说,总结和研究国史经验当然要从不同领域的具体经验开始,但最终还是要上升到对国家全局性、整体性历史经验的总结和研究。我们说要加强对国史经验的总结和研究,指的首先是对后者的加强。这是因为:第一,总结和研究各个领域历史经验的一个重要目的,就是为着进行国家全局性、整体性历史经验的总结和研究;第二,总结和研究国家全局性、整体性的历史经验,在历史经验总结、研究工作中具有更重大的意义;第三,正确总结和研究国家全局性、整体性的历史经验,会更有利于对各个领域历史经验的总结和研究。

对于国史工作者来说,在国家全局性、整体性历史经验的总结、研究方面,除了前面举的那些例子外,要做的题目还有很多。例如,党的基本路线与国史的基本经验之间是什么关系,国家在改革开放前后两个历史时期的经验之间有哪些相同之处和不同之处,国史基本经验的依据有哪些、核心是什么,等等。如果只关注各个领域的经验,而忽略对这类全局性、整体性经验的总结和研究,不仅从国史研究的角度看是不全面的,而且很可能因此失去在一些事关党和国家方向、方针的重大问题上的判断力、辨别力,成为错误或消极总结经验的俘虏。

就拿如何看待和处理阶级斗争的问题来说。我国社会主义改造基本完成后,由于历史的惯性,一度把已经不属于阶级斗争的问题仍然看作阶级斗争,并且沿用过去进行大规模急风暴雨式群众性斗争的方法和经验,接连不断地开展政治运动,进而把党内不同意见的争论也当作阶级斗争的反映,导致阶级斗争严重扩大化,直至提出"以阶级斗争为纲"的口号。中共十一届三中全会果断停用了这个不适合社会主义社会的口号后,一些人又走到另一个极端,否认社会主义社会还存在阶级斗争,并据此主张放弃人民民主专政。对此,邓小平在1979年理论务虚会上及时指出:我们反对把阶级斗争扩大化,不等于说社会主义社会不存在阶级斗争。因为,"在社会主义社会,仍然有反革命分子,有敌特分子,有各种破坏社会主义秩序的刑事犯罪分子和其他坏分子,有贪污盗窃、投机倒把的新剥削分子,并且这种现象在长时期内不可能完全消灭"[1]。他还说:"社会主义社会

---

[1] 《邓小平文选》第2卷,人民出版社1994年版,第168页。

中的阶级斗争是一个客观存在，不应该缩小，也不应该夸大。实践证明，无论缩小或者夸大，两者都要犯严重的错误。"① 后来修订的《党章》和《宪法》都明确表述：在剥削阶级作为阶级消灭以后，"由于国内的因素和国际的影响，阶级斗争还在一定范围内长期存在，在某种条件下还有可能激化"②。1989年政治风波中，一些同志认为对待那场风波"只是单纯的对待群众的问题"。针对这种错误看法，邓小平在风波过后强调指出："实际上，对方不只是一些是非不分的群众，还有一批造反派和大量的社会渣滓。他们是要颠覆我们的国家，颠覆我们的党，这是问题的实质。不懂得这个根本问题，就是性质不清楚。"③他在这里说的问题的"实质""性质"，指的

---

① 《邓小平文选》第2卷，人民出版社1994年版，第182页。
② 《十二大以来重要文献选编》上，人民出版社1986年版，第65页。
③ 《邓小平文选》第3卷，人民出版社1993年版，第303页。

就是阶级斗争。

党的十八大后,习近平总书记指出:"看待政治制度模式,必须坚持马克思主义政治立场。马克思主义政治立场,首先就是阶级立场,进行阶级分析。"① 在纪念马克思诞辰200周年大会上的讲话中,讲到我们今天仍然要坚持和运用的马克思主义基本观点时,特别提到了阶级观,要求我们把马克思主义的这些"看家本领学精悟透用好"②。他对各级领导干部反复强调:"当前,各种敌对势力在我国制造'颜色革命',妄图颠覆中国共产党领导和社会主义制度。这是我国政权安全面临的现实危险。"③ "当今世界,意识形态领域看不见硝烟的战争无处不在,政治领域

---

① 刘世军:《中国政治学研究新时代的到来》,《文汇报》2014年6月30日。
② 《习近平关于"不忘初心、牢记使命"论述摘编》,中央文献出版社、党建读物出版社2019年版,第350页。
③ 《习近平关于总体国家安全观论述摘编》,中央文献出版社2018年版,第118页。

没有枪炮的较量一直未停。"[1] "在事关坚持还是否定四项基本原则的大是大非和政治原则问题上，我们必须增强主动性、掌握主动权、打好主动仗。"[2] 他还格外提醒意识形态部门的领导干部，不能搞"爱惜羽毛"、"故作开明"、左顾右盼、上推下卸那一套，不能用"不争论""不炒热""让说话"等理由替不作为开脱，更不能在有人同错误思潮作斗争时袖手旁观。坚持正面宣传为主，决不意味着放弃舆论斗争。敌对势力在那里极力宣扬所谓的"普世价值"，他们是挂羊头卖狗肉，目的就是要同我们争夺阵地、争夺人心、争夺群众，最终推翻中国共产党领导和中国特色社会主义制度。如果听任这些言论大行其道，指鹿

---

[1] 《习近平关于社会主义政治建设论述摘编》，中央文献出版社2017年版，第18页。
[2] 《习近平关于总体国家安全观论述摘编》，中央文献出版社2018年版，第102页。

为马，三人成虎，势必搞乱党心民心，危及党的领导和社会主义国家政权安全。他的所有这些论述，都是站在国家全局高度，对新中国处理阶级斗争问题历史经验作出的深刻总结。如果我们只注意总结和研究局部问题的经验而忽略对全局性整体性经验的总结和研究，对于党中央从宏观层面总结出的这类经验就难以领会，更不要说自己去总结了。

2. 既要总结和研究不同时期的历史经验，也要把各个历史时期贯通起来总结和研究

前面说过，根据经济社会发展目标模式等角度，可以将迄今70年的国史划分为若干阶段，其中最基本的是两个阶段，即改革开放前后两个历史时期。这两个时期，正如习近平总书记所说，"在进行社会主义建设的思想指导、方针政策、实际工作上有很大差别"[①]。

---

① 《十八大以来重要文献选编》上，中央文献出版社2014年版，第112页。

所以，我们总结和研究这两个时期的历史经验，有时需要把它们分别放在各自的历史时期中。例如，如何做好统购统销工作，如何健全党委领导下的厂长（经理）负责制，如何执行《农业发展纲要》，如何处理农村三级所有制经济之间的关系，如何做好城市消费品的计划供应工作等问题，基本发生在改革开放前。要总结和研究这方面的历史经验，当然只能放在改革开放前那个历史时期内。再如，如何发挥市场经济条件下的宏观调控作用，如何解决土地承包条件下的农田水利建设、农村环境污染问题，如何在青壮年大量涌入城市的情况下建设社会主义新农村，如何防止权钱交易，如何加强对互联网的监管等问题，改革开放前基本不存在。要总结和研究这方面的历史经验，也只适合放在改革开放后的历史时期内。

然而，也有一些问题，在改革开放前后

两个历史时期都存在,或者说反复出现。例如,如何把马克思主义普遍原理与中国社会主义建设的实际情况结合好,如何使国民经济既快又稳地向前发展,如何处理经济建设与政治、文化、社会各领域建设的关系,如何回应人民内部各利益群体的诉求、最大限度地激发社会创造力,如何正确区分和处理敌我与人民内部两类不同性质的矛盾,如何保证党特别是党的各级领导干部不脱离群众等,就是两个历史时期都存在的问题。急于求成、走极端、"大呼隆"、"一刀切",以及机关办企业等现象,也是两个历史时期都出现过的现象。总结和研究解决这类问题的经验,如果仅局限于某一个历史时期,显然不利于对问题的观察和认识。

马克思主义哲学告诉我们,物质运动的存在形式是时间和空间。要认清某个事物,观察的时间越长、空间越大,越有利。习近平总书记的2013年"1·5"讲话,在阐释中国特色社会主义的本质时,就是把社会主义运动放在世界范围内和它的全部历史过程观察,其中包括欧洲空想社会主义的产生和发展,马克思、恩格斯创立科学社会主义理论体系,列宁领导十月革命胜利并实践社会主义,苏联模式的逐步形成,新中国成立后对社会主义的探索和实践,开创和发展中国特色社会主义六个时间段①,前后跨度500年。然而,我们过去总结和研究国史经验,要么只局限于改革开放前的历史时期,要么只局限于改革开放后的历史时期,很少把它们打通。之所以出现这种情况,一个主要原因是,前一阶段在对待改革开放前后两个历史时期相互关系的认识上存在禁忌。然而,这个禁忌早在2013年习近平总书记的"1·5"讲

---

① 《人民日报》2013年1月6日。

话中就被破除了。他在那篇讲话指出，改革开放前后两个历史时期尽管有重大区别，但"本质上都是我们党领导人民进行社会主义建设的实践探索"；强调不能把它们相互割裂和对立起来。[①] 既然如此，总结和研究新中国历史经验，自然也不应当再人为设置不可逾越的障碍，而应当理直气壮地把改革开放前后两个历史时期联系和贯通起来。这对于我们在全面建设小康社会和建设社会主义现代化强国过程中少走弯路、少付"学费"，具有极大益处。

把新中国 70 年的历史经验贯通起来总结和研究，是一个重大课题，由一个人或少数人，用一篇或几篇文章，既讲不全面也讲不准确，而且也不可能讲全面讲准确。但为了说明这种总结和研究方法的必要性和可能性，

[①] 《十八大以来重要文献选编》上，中央文献出版社 2014 年版，第 111—112 页。

可以采用举例子的方式。我在这里要举的例子，概括起来可以用上下、左右、长短、多少、虚实、表里、快慢、革守这十六个字和八对关系来形容。

第一，所谓上与下，是指处理上级与下级、中央与地方、政府与群众等关系。

在这个问题上，70年里有许多相同和类似的经验教训可以总结。毛泽东早在1956年《论十大关系》的讲话中，就谈到过正确处理国家、生产单位和生产者个人的关系，中央和地方的关系，党和非党的关系。他指出，必须兼顾国家、集体和个人三方面的关系，发挥中央和地方两个积极性，保留民主党派并发挥它们的作用，同时坚持和加强共产党的领导和无产阶级专政。后来的实践一再说明，国家发展得顺利与否，很大程度上就取决于这些关系处理得是否恰当。

改革开放前，有过权力过于集中的情况，

也有过该集中的权力集中不够的情况。改革开放后,吸取了"文化大革命"时期的教训,着力解决权力过于集中的问题,在政治上推进政治体制改革,在坚持和加强党的领导下实行党政分开,经济上推进经济体制改革,实行放权让利,对发扬民主、克服官僚主义、调动各方面积极性、搞活经济,都起到了积极的促进作用。但与此同时,也带来了权力过于分散和党的集中统一领导在某种程度上被削弱的问题,有令不行、有禁不止的现象比较普遍,有时甚至比较严重。

党的十八大以来,在继续坚持发扬民主、调动各方面积极性的同时,突出强调保证党领导人民有效治理国家,切实防止出现群龙无首、一盘散沙、民族隔阂、相互掣肘、内耗严重等现象。习近平总书记指出:"坚持中国特色社会主义政治发展道路,关键是要坚持党的领导、人民当家作主、依法治国有机统一。"① "党政军民学,东西南北中,党是领导一切的,是最高的政治领导力量。"② "我国人民民主与西方所谓的'宪政'本质上是不同的。中国共产党领导是中国特色社会主义最本质的特征。"③ 这些论述,就是贯通总结新中国70年历史经验而作出的结论。

第二,所谓"左"与右,是指处理带全局性问题时出现的"左"与右两种倾向的关系。

刘少奇在新中国成立之初说过,领导工作就像开汽车,方向盘不可能一点不偏,关键在于发现偏向要及时调整,不要让偏向过大。"文化大革命"中,毛泽东也提出,要防止一种倾向掩盖另一种倾向。遗

---

① 《十八大以来重要文献选编》上,中央文献出版社2014年版,第88—89页。
② 《习近平关于社会主义政治建设论述摘编》,中央文献出版社2017年版,第30页。
③ 《习近平关于社会主义政治建设论述摘编》,中央文献出版社2017年版,第27—28页。

憾的是，改革开放前的历史时期，有些事明明已经很"左"了，还要坚持反右，结果导致"左"的倾向进一步发展，给党和国家造成严重损害。例如，1959年开展"反右倾"斗争，1974年开展"批林批孔"运动，都是典型事例。

中共十一届三中全会后，我们党吸取了过去的教训，在重点纠正"左"的错误的同时，对于资产阶级自由化和精神污染等右的倾向没有视而不见，没有一股劲地坚持反"左"，而是提出有"左"反"左"、有右反右。

党的十八大后，党中央没有再讲"左"和右的问题，但强调"要高度重视苗头性、倾向性问题"[①]，并实事求是地提出了各领域存在的主要倾向。例如，在体制改革的问题上，明确反对把改革开放定义为西方的"宪

[①]《习近平关于总体国家安全观论述摘编》，中央文献出版社2018年版，第111页。

政"和"普世价值",强调改革的"实质是改什么、不改什么,有些不能改的,再过多长时间也是不改。我们不能邯郸学步"①。在意识形态问题上,强调对于重大原则,"不要躲躲闪闪、含糊其辞"②,"不当绅士,不做'骑墙派'和'看风派',不能搞爱惜羽毛那一套"③,要"敢抓敢管,敢于亮剑"④,"要增强阵地意识"⑤,"坚持党性原则"⑥。在党风建设问题上,强调"革命理想高于天",防止精神

---

① 《习近平关于总体国家安全观论述摘编》,中央文献出版社2018年版,第111页。
② 《习近平关于社会主义文化建设论述摘编》,中央文献出版社2017年版,第25页。
③ 《习近平关于社会主义文化建设论述摘编》,中央文献出版社2017年版,第45页。
④ 《习近平关于社会主义文化建设论述摘编》,中央文献出版社2017年版,第27页。
⑤ 《习近平关于社会主义文化建设论述摘编》,中央文献出版社2017年版,第30页。
⑥ 《习近平关于社会主义文化建设论述摘编》,中央文献出版社2017年版,第41页。

上的软骨病,提出"现在的主要倾向不是严了,而是失之于宽、失之于软"[1]。这些都说明,在反倾向的问题上,我们党注意总结和汲取新中国成立以来各个历史时期的经验教训,切实做到了从实际出发,分类指导,有什么倾向反对什么倾向,随时防止一种倾向掩盖另一种倾向,不再把反对某种主要倾向凝固化和扩大化。

第三,所谓长与短,是指处理人民长远利益、根本利益与眼前利益、局部利益的关系。

新中国成立初期,面对旧中国积贫积弱的状态,是先重点发展轻工业、农业,在较快改善人民生活的同时,为今后重点发展重工业准备条件好呢?还是优先发展重工业,把有限的资金、物资、人才集中用于工业化

---

[1] 《十八大以来重要文献选编》中,中央文献出版社2016年版,第98页。

建设，人民生活水平虽然提高慢一些，但为今后大发展奠定坚实基础好呢？如何抉择，就涉及对人民长远利益、根本利益与眼前利益、局部利益的权衡。以毛泽东为核心的第一代中央领导集体，在新中国成立不久，面对美帝国主义侵略朝鲜，对我国安全构成威胁，而苏联表示要全面援助中国以重工业为重点的"一五"计划建设时，及时决定立即实施优先发展重工业战略，并对主要农副产品实行统购统销。这时有人站出来，指责这样做是违背了所谓"仁政"的原则。针对这种观点，毛泽东提出："仁政"有大有小，我们要的是有利于人民长远利益和根本利益的"大仁政"。同时，我们党在实施优先发展重工业战略的过程中，也汲取了苏联长期忽视农业、轻工业的教训，提出"工业与农业同时并举"，"以农业为基础，以工业为主导"的方针，在计划安排上强调以农、轻、重为序，为国民经济打下了良好基础。然而，由于种种原因，农业、轻工业的发展与重工业相比，总体还是显得比例失调、过于滞后。

改革开放后，以邓小平为核心的中央第二代领导集体启动改革，调整政策，使农业、轻工业、服务业有了较快发展，人民生活也在前30年打下的工业基础上得到显著提高。但这又遇到基本建设、物价改革和民生的矛盾，出现了要求财政既要多发工资、奖金，又要对各地建设项目普遍加大投资力度的急躁情绪。陈云对此提出"一要吃饭，二要建设"的原则。所谓"吃饭"，是指民生，是人民的眼前利益；所谓建设，是指基本建设、物价改革这些关系人民长远利益、根本利益的事。他说：饭可以吃得好一点，"但是，吃得太好了也办不到"[①]。"吃光用光，国家没

[①] 《陈云文集》第3卷，中央文献出版社2005年版，第489页。

有希望；吃了之后，还有余力搞建设，国家才有希望。"并指出："财力物力只有那么多，不分轻重缓急，大家一齐上，你挤我，我挤你，势必因小失大，处处被动。"①

党的十八大后，以习近平同志为核心的党中央结合新时代的实际，在处理发展、改革与民生的问题上，进一步总结了以往的经验教训，一方面提出"五位一体"的总体布局和"四个全面"的战略布局，推动经济社会全面、协调、可持续发展，为人民群众生活改善打下更加雄厚的基础；另一方面，提出坚持以人民为中心的发展理念，既坚持改革，又把保障民生作为底线；既不断做大"蛋糕"，又努力把"蛋糕"分好，从而比较好地解决了涉及人民长远利益与眼前利益矛盾的问题。

---

① 《陈云文选》第 3 卷，人民出版社 1995 年版，第 323 页。

第四,所谓多与少,是指处理人口大多数与少数群体之间相互利益的关系。

我们党从来是把争取、捍卫最广大人民群众根本利益作为自己奋斗的出发点和归宿地,同时,一向主张对各方面利益要统筹兼顾。在新民主主义向社会主义过渡时期,毛泽东一方面批评"公私一律平等纳税"的主张,另一方面没有采取苏联对私人工商业一律没收的办法,而是创造性地实行了赎买政策,在公私合营后让资本家拿定息。

改革开放后,我们党从社会主义初级阶段的生产力水平出发,针对过去平均主义、"大锅饭"现象比较普遍的倾向,提出"让一部分人、一部分地区先富起来"和"效率优先、兼顾公平"的口号,实行公有制为主体、多种所有制经济共同发展,以及按劳分配为主体、多种分配方式并存的制度,允许和鼓励技术、管理、资本参与分配,调动了各方面积极性，加快了经济社会发展。但与此同时，也出现了国有资产流失和分配不公、收入差距悬殊等现象。进入21世纪后，党中央针对这种情况，将"效率优先，兼顾公平"的口号，逐渐改为"初次分配注重效率，再分配注重公平"，"既重视效率也重视公平，把公平放在更加突出的位置"，"着力提高低收入者收入水平，有效调节高收入"。

党的十八大更把"逐步实现全体人民共同富裕"纳入中国特色社会主义的定义之中，把"收入分配差距缩小"作为全面建成小康社会的新要求之一。

党的十八大闭幕后，习近平总书记在第一次面对中外记者时就宣布，新一届中央领导机构对民族、对人民、对党的一个重要责任，就是努力解决群众生产生活困难，坚定不移走共同富裕道路。他反复强调："我国社会历来有'不患寡而患不均'的观念。我们要在不断发展的基础上尽量把促进社会公平正义的事情做好。"① "我们不能做超越阶段的事情,但也不是说逐步实现共同富裕方面就无所作为,而是要根据现有条件把能做的事情尽量做起来,积小胜为大胜,不断朝着全体人民共同富裕的目标前进。"② 在党中央不懈努力下,近6年来,城乡居民收入增速超过了经济增速,中等收入群体持续扩大;贫困线以下的人口减少了8000万人,贫困发生率从10.2%下降到4%以下;目前,正在继续实施精准扶贫,确保2020年基本实现农村的全部脱贫。这些提法和做法,与重视总结以往分配领域里的经验教训,显然是分不开的。

第五,所谓虚与实,是指处理思想、政治、文化等精神文明建设与物质文明建设的

---

① 《十八大以来重要文献选编》上,中央文献出版社2014年版,第553页。
② 《习近平总书记重要讲话文章选编》,中央文献出版社、党建读物出版社2016年版,第402页。

关系。

我们党历来重视思想、政治工作的重要性。新中国成立以来,毛泽东同志一再强调思想和政治是统帅、是灵魂,政治工作是经济工作的生命线,精神可以变物质,对物质文明建设起到促进作用。然而,后来又发生了强调思想、政治过头的问题,直至发展到批判所谓"唯生产力论"和"白专道路""业务挂帅"、提出"突出政治""政治可以冲击一切"的程度,使大量工作、生产、科研时间被用来搞"空对空"的"政治学习",严重妨碍了物质文明建设。

改革开放后,吸取了过去的经验,把党和国家工作重心重新转回到经济建设上。但与此同时,又出现忽视思想、政治的倾向,导致抓物质文明一手硬,抓精神文明一手软,有人甚至提出"有一点精神污染不算什么""对经济领域犯罪问题看得过重会妨碍经济建设"等错误观点，致使许多新中国成立初期已被消灭的丑恶现象死灰复燃。1989年政治风波后，邓小平指出十年来最大的失误是在教育方面，并且说这里主要讲的是思想政治教育。

党的十八大后，习近平总书记深入总结有关这一问题的成功与失误两方面经验教训，在坚持以经济建设为中心的前提下，强调要高度重视对中华文化、传统美德、共产主义理想信念、马克思主义基本理论的宣传教育，接连召开部队政治工作、全国文艺工作、党校工作、新闻工作、哲学社会科学工作等座谈会，2019年初又召开了学校思想政治理论课教师座谈会。所有这些，都是对过去思想政治工作缺失的弥补和加强。他指出："我国曾经有过政治挂帅、搞'阶级斗争为纲'的时期，那是错误的。但是，我们也不能说政治就不讲了、少讲了，共产党不讲政治还叫共产党吗？"① 在党的十九大上，他突出强调推动中华优秀传统文化的创造性转化和继承革命文化、发展社会主义先进文化的问题，要求把这些同培育和践行社会主义核心价值观一起，纳入坚持和发展中国特色社会主义基本方略之中，从而进一步加强了对西方意识形态渗透的防范。

第六，所谓表与里，是指处理党和政府治国的政策、策略与党和国家发展方向、重大战略、基本理论之间的关系。

新中国成立初期，由于战略和策略都对头，所以起步阶段总体顺利。但后来出现了急躁冒进的情绪，在生产力上提出"超英赶美"，在生产关系上提出"跑步进入共产主义"，结果欲速不达，使社会主义事业遭受到严重挫折。

---

① 《习近平总书记重要讲话文章选编》，中央文献出版社、党建读物出版社2016年版，第225页。

中共十一届三中全会后,我们党正确分析了国情,认为我国尚处在社会主义的初级阶段,并相应实行了改革开放的政策和社会主义市场经济体制。这时又有人跑出来,宣扬"共产主义遥遥无期""改革无所谓社会主义方向资本主义方向""市场经济是永恒的""私有制最符合人性""国有企业晚卖不如早卖""在纪律上要给干部松绑"等论调,致使一度国有资产大量流失,走私贩私、制假售假、贪污贿赂之风盛行。对此,邓小平强调:"我们干的是社会主义事业,最终目的是实现共产主义。"[①]"风气如果坏下去,经济搞成功又有什么意义?会在另一方面变质,反过来影响整个经济变质,发展下去会形成贪污、盗窃、贿赂横行的世界。"[②] 陈云也指出:"我们搞社会主义,一定要抵制和清除这些丑

---

① 《邓小平文选》第3卷,人民出版社1993年版,第110页。
② 《邓小平文选》第3卷,人民出版社1993年版,第154页。

恶的思想和行为，要动员和组织全党和社会的力量，以除恶务尽的精神，同这种现象进行坚决的斗争。"① 他针对所谓"松绑论"指出："党性原则和党的纪律不存在'松绑'的问题。没有好的党风，改革是搞不好的。"② 他又针对"遥遥无期论"指出："应当说共产主义遥遥有期，社会主义就是共产主义的第一阶段。"③

党的十八大后，我们党更加注意把党的奋斗目标、基本理论与现行政策加以区别，不因坚持远大理想而对执行现行政策稍微懈怠，也不因执行现行政策而对远大理想、基本理论有任何松动。习近平总书记提醒大家要防止干超越阶段的事，同时反复强调："我们的改革开放是有方向、有立场、有原则的。我们当然要高举改革旗帜，但我们的改

---

① 《陈云文选》第3卷，人民出版社1995年版，第356页。
② 《陈云文选》第3卷，人民出版社1995年版，第275页。
③ 《人民日报》2015年6月13日。

革是在中国特色社会主义道路上不断前进的改革。"[①] "我们是在中国共产党领导和社会主义制度的大前提下发展市场经济，什么时候都不能忘了'社会主义'这个定语。"[②] 在对待马克思主义理论的问题上，他一方面强调，不能采取教条主义的态度；另一方面强调，"科学社会主义基本原则不能丢"[③]，尤其针对"马克思主义政治经济学过时了""《资本论》过时了"等论调，鲜明指出："这个说法是错误的……资本主义固有的生产社会化和生产资料私人占有之间的矛盾依然存在。"[④] 在对待我们同资本主义国家关系的问题上，他也

---

① 《习近平关于全面深化改革论述摘编》，中央文献出版社 2014 年版，第 14 页。
② 《习近平关于社会主义经济建设论述摘编》，中央文献出版社 2017 年版，第 64 页。
③ 《十八大以来重要文献选编》上，中央文献出版社 2014 年版，第 109 页。
④ 《习近平关于社会主义文化建设论述摘编》，中央文献出版社 2017 年版，第 81 页。

是一方面强调资本主义必然灭亡、社会主义必然胜利是历史发展不可逆转的总趋势；另一方面强调，这是一个很长的历史过程，要深刻认识资本主义社会的自我调节能力，充分估计西方发达国家在经济、科技、军事方面长期占据优势的客观现实，"认真做好两种社会制度长期合作和斗争的各方面准备"①。所有这些都说明，新中国70年历史的不同时期里，确有很多带共性的经验，很值得我们联系起来总结。

第七，所谓快与慢，是指处理经济建设和各方面工作问题时要求过急与要求适度的关系。

我们国家过去由于经济落后，又长期处于帝国主义军事威胁、贸易禁运、技术封锁之中，所以从上到下总想把建设和各方面工作搞得快一些，结果往往急于求成。例如，

---

① 《十八大以来重要文献选编》上，中央文献出版社2014年版，第117页。

针对普遍存在的冒进情绪，1956年提出反冒进，接着在1957年就来了个反"反冒进"，又在1958年轻率发动了"大跃进"，形成高指标、瞎指挥、浮夸风、共产风为标志的"左"倾错误，加上后来的自然灾害，造成了严重的经济困难。这时，本来应当吸取教训、纠正偏差，但1959年又发起"反右倾"斗争，更加恶化了困难形势。"文化大革命"期间，尽管已经出现政治冲击经济的局面，但在与"帝、修、反"抢时间、抢速度的口号下，仍然形成了职工人数、工资总额、粮食销量"三突破"的问题。

粉碎"四人帮"后，一度又提出要把被"四人帮"耽误的时间和造成的损失夺回来的口号，使急于求成的情绪再次滋长，催生了新的跃进高潮，加重了原本已经十分严重的重大比例失调状况，只好再次进行国民经济调整。后来，在对待改革的问题上，有人又提出"允许改革者犯错误但不允许不改革"等口号,致使一些情况还没摸清,就急于出台改革措施,导致事与愿违,引起群众不满。

党的十八大后,党中央认真总结和吸取这方面的经验教训,提出稳中求进的工作总基调。习近平总书记强调,改革要继续摸着石头过河,该试点的不要仓促推开,该深入研究后再推进的不要急于求成,"避免在时机尚不成熟、条件尚不具备的情况下一哄而上,欲速则不达"①。他强调汲取历史经验的重要性,指出:"出现一些失误是难免的,但学费不能白付,要吃一堑长一智,举一反三,避免同一种失误一犯再犯。"②在纪念五四运动100周年大会上,他告诫新时代的青年,要努

---

① 《习近平关于全面深化改革论述摘编》,中央文献出版社2014年版,第54页。
② 《习近平关于社会主义经济建设论述摘编》,中央文献出版社2017年版,第329页。

力做到"不人云亦云、盲目跟风"①。在2019年"两会"期间，当谈到实现脱贫攻坚目标时，他又特别提醒大家，要记取"大跃进"刮"浮夸风"、搞急功近利、虚假政绩的教训。他说："这些问题我们历史上都有深刻教训。对这类问题现在就要敲打，防患未然，防微杜渐。"②他的这些论述，为我们树立了把改革开放前后历史经验贯通起来总结的示范。

第八，所谓革与守，是指处理变革、革命、改革与坚守、继承、稳定之间的关系。

共产党是干革命的政党，马克思说："革命是历史的火车头。"③但从马克思主义哲学的角度看，打破旧秩序与建立和维护新秩序，对于社会进步具有同样重要的意义；革命有助于打破旧秩序，而稳定则有助于巩固新秩

---

① 《人民日报》2019年5月1日。
② 新华社"新华视点"微博，2019年3月7日。
③ 《马克思恩格斯选集》第1卷，人民出版社2012年版，第527页。

序，使革命成果得以保存。毛泽东在1959年读苏联《政治经济学教科书》时，就事物的稳定和变革问题，说过一段非常富有哲理的话。他说："保守和进步，稳定和变革，都是对立的统一，这也是两重性。生物的代代相传，就有而且必须有保守和进步的两重性。稻种改良，新种比旧种好，这是进步，是变革……保守的一面，也有积极作用，可以使不断变革中的植物、动物，在一定时期内相对固定起来，或者说相对地稳定起来，所以稻子改良了还是稻子，儿子比父亲粗壮聪明了还是人。但是如果只有保守和稳定，没有进步和变革一方面，植物和动物就没有进化，就永远停顿下来，不能发展了。"[①] 在社会革命的问题上，道理同样如此。历史辩证法告诉我们，革命既是不间断的，又是分阶段的；

---

① 《毛泽东文集》第8卷，人民出版社1999年版，第107页。

既要用不间断的革命推动社会进步,又要有相对稳定的时期巩固革命的成果。毛泽东就讲过,要把不断革命论与革命发展阶段论相结合。然而悲剧在于,改革开放前的历史时期未能很好处理这对关系,以至于后来提出"无产阶级专政下继续革命"的理论,"四人帮"甚至打着"革命"的旗号,全盘否定过去17年文化战线取得的成就。

改革开放后,我们党否定了一个阶级推翻另一个阶级的"继续革命"理论。这时又有人打着"改革"的旗号,试图从右的方面全盘否定新中国过去29年的成就,甚至攻击坚持四项基本原则使"改革滞后了"。

党的十八大后,习近平总书记全面论述了改革与继承的关系。他指出:"应该改又能改的坚决改,不应该改的坚决守住。"[①] "'稳'

---

① 《习近平关于全面深化改革论述摘编》,中央文献出版社2014年版,第20页。

也好,'改'也好,是辩证统一、互为条件的。一静一动,静要有定力,动要有秩序。"① 他要求共产党员要坚定共产主义理想信念,坚决顶住国内外敌对势力让我们党改旗易帜、改名换姓的企图。在 2018 年庆祝改革开放 40 周年大会上,他再次强调:"改什么、怎么改必须以是否符合完善和发展中国特色社会主义制度、推进国家治理体系和治理能力现代化的总目标为根本尺度,该改的、能改的我们坚决改,不该改的、不能改的坚决不改。"② 在 2019 年纪念五四运动 100 周年大会上,他又提醒广大青年:"面对复杂的世界大变局,要明辨是非、恪守正道,不人云亦云、盲目跟风。"③ 他的这些论述,旗帜鲜明,掷地有声,不仅是对新中国历史处理有关革命、

---

① 《人民日报》2013 年 12 月 14 日。
② 《人民日报》2018 年 12 月 19 日。
③ 《人民日报》2019 年 5 月 1 日。

改革与坚守、继承这类关系的经验总结，也是对社会主义国家处理这类问题的历史经验总结，在世界社会主义发展史上必定会产生深远影响。

新中国70年里带有共性的经验远不止这些，举出以上几个例子，不过是为了说明在总结和研究国史经验时，把各个时期贯通起来，会使问题看得更清楚，经验总结得更深入。

结束语

历史研究从来就不是为研究而研究的，更不是研究者的自娱自乐。当前，我们国家正处在"两个一百年"奋斗目标的交汇期和中华民族伟大复兴的前夜。越是在这个时候，各种挑战、风险、阻力越多。中国共产党领导的国史工作者应当认清形势，自觉将国史编研工作投入到应对挑战、风险、阻力的斗争中去。

习近平总书记指出："当前国内一些错误观点时有出现，有的宣扬西方价值观，有的拿党史国史说事，有的以'反思改革'为名否定改革开放，有的否定四项基本原则。"[①]

---

① 《人民日报》2013年8月19日。

所谓拿国史说事,就是指采用以偏概全、偷换背景、捕风捉影、胡编滥造、耸人听闻的手法,丑化、诋毁新中国的历史,以达到攻击、颠覆新中国政权的目的。他还说过:"现在,国内国外、网上网下都有一些言论,贬低中华文化,否定中华民族的历史贡献,否定近代以来中国人民的奋斗史,歪曲中国共产党的历史、中华人民共和国的历史,歪曲改革开放的历史。这些就是负能量,增加正能量就要对着负能量去有的放矢,正面交锋。"[①] "对那些恶意攻击党的领导、攻击社会主义制度、歪曲党史国史、造谣生事的言论,一切报刊图书、讲台论坛、会议会场、电影电视、广播电台、舞台剧场等都不能为之提供空间,一切数字报刊、移动电视、手机媒体、手机短信、微信、博客、播客、微博客、

[①] 《习近平关于总体国家安全观论述摘编》,中央文献出版社 2018 年版,第 107 页。

论坛等新兴媒体都不能为之提供方便。"① 国史工作者要响应习近平总书记的号召，就要积极发挥国史编研的"护国"功能，从学术上同各种歪曲国史的历史虚无主义言论进行有的放矢的正面交锋；同时，在人民群众尤其是青年学生中大力开展唯物史观指导下的国史教育，把正确认识和解释国史纳入建设社会主义核心价值体系的工作中，融入国民教育和精神文明建设的全过程，为使广大群众树立和坚定中国特色社会主义的道路自信、理论自信、制度自信、文化自信，巩固全国各族人民团结奋斗的共同思想基础，提供充分的有说服力的历史依据。

习近平总书记在2016年哲学社会科学座谈会上提出，要加快构建马克思主义指导的具有中国特色的哲学社会科学学科体系、

---

① 《习近平关于总体国家安全观论述摘编》，中央文献出版社2018年版，第102页。

学术体系、话语体系。2019年年初,他在致中国社会科学院中国历史研究院成立的贺信中又说:"历史研究是一切社会科学的基础。""重视历史、研究历史、借鉴历史是中华民族5000多年文明史的一个优良传统。"希望广大历史研究工作者"总结历史经验,揭示历史规律,把握历史趋势,加快构建中国特色历史学学科体系、学术体系、话语体系"[①]。他的这些要求,同样适用于国史工作。他在2019年3月全国"两会"期间又指出:新中国70年历史"无论是在中华民族历史上,还是在世界历史上,这都是一部感天动地的奋斗史诗。希望大家深刻反映70年来党和人民的奋斗实践,深刻解读新中国70年历史性变革中所蕴藏的内在逻辑,讲清楚历史性成就背后的中国特色社会主义道路、理论、

---

① 《人民日报》2019年1月4日。

制度、文化优势,更好用中国理论解读中国实践,为党和人民继续前进,提供强大精神激励。"① 他的这一论述,更应当看作对国史工作者的要求。而要讲清楚新中国70年历史性变革中蕴藏的内在逻辑,就不能不加快构建国史编研的学科、学术、话语体系,以便从整体上进一步提高国史编研的水平。当前,中国特色社会主义已进入新时代,新中国迎来成立70周年大庆,国史工作者应当抱着更加强烈的责任感,深入研究,加强交流,努力使国史编研在已有基础上更上一层楼,为繁荣发展国史编研事业,充分发挥国史编研的资政、育人、护国功能,作出新的贡献!

---

① 《人民日报》2019年3月5日。

居安思危·世界社会主义小丛书
（已出书目）

序号	作者	书名	审稿人
		第一辑	
1	李慎明	忧患百姓忧患党——毛泽东关于党不变质思想探寻	侯惠勤
2	陈之骅	俄国十月社会主义革命	王正泉
3	毛相麟	古巴：本土的可行的社会主义	徐世澄
4	徐世澄	当代拉丁美洲的社会主义思潮与实践	毛相麟
5	姜辉 于海青	西方世界中的社会主义思潮	徐崇温
6	何秉孟 李千	新自由主义评析	王立强
7	周新城	民主社会主义评析	陈之骅
8	梁柱	历史虚无主义评析	张树华
9	汪亭友	"普世价值"评析	周新城
10	王正泉	戈尔巴乔夫与"人道的民主的社会主义"	陈之骅

序号	作者	书 名	审稿人
		第二辑	
11	王伟光	马克思主义与社会主义的历史命运	侯惠勤
12	李慎明	居安思危：苏共亡党的历史教训	课题组
13	李 捷	毛泽东对新中国的历史贡献	陈之骅
14	靳辉明 李瑞琴	《共产党宣言》与世界社会主义	陈之骅
15	李崇富	毛泽东与马克思主义中国化	樊建新
16	罗文东	中国特色社会主义理论与实践	姜 辉
17	吴恩远	苏联历史几个争论焦点真相	张树华
18	张树华 单 超	俄罗斯的私有化	周新城
19	谷源洋	越南社会主义定向革新	张加祥
20	朱继东	查韦斯的"21世纪社会主义"	徐世澄
21	卫建林	全球化与共产党	姜 辉
22	徐崇温	怎样认识民主社会主义	陈之骅
		第三辑	
23	王伟光	谈谈民主、国家、阶级和专政	姜 辉
24	刘国光	中国经济体制改革的方向问题	樊建新
25	有林等	抽象的人性论剖析	李崇富
26	侯惠勤	中国道路和中国模式	李崇富

序号	作者	书名	审稿人
27	周新城	社会主义在探索中不断前进	陈之骅
28	顾玉兰	列宁帝国主义论及其当代价值	姜 辉
29	刘淑春	俄罗斯联邦共产党二十年	陈之骅
30	柴尚金	老挝:在革新中腾飞	陈定辉
31	迟方旭	建国后毛泽东对中国法治建设的创造性贡献	樊建新
32	李艳艳	西方文明东进战略与中国应对	于 沛

第四辑

序号	作者	书名	审稿人
33	王伟光	纵论意识形态问题	姜 辉
34	朱佳木	中国特色社会主义纵横谈	朱峻峰
35	姜 辉	21世纪世界社会主义的新特点	陈之骅
36	樊建新	我国社会主义初级阶段的基本经济制度	周新城
37	周新城	当代中国马克思主义政治经济学的若干理论问题	樊建新
38	赵常庆	社会主义在哈萨克斯坦的兴衰	陈之骅
39	李东朗	中国共产党是抗日战争的中流砥柱	张海鹏
40	王正泉	苏联伟大卫国战争	陈之骅
41	于海青 童 晋	欧洲共产党与反法西斯抵抗运动——镌刻史册的伟大贡献	姜 辉
42	张 剑	社会主义与生态文明	李崇富

序号	作者	书名	审稿人

第五辑

序号	作者	书名	审稿人
43	王伟光	新时代中国特色社会主义的理论成果	陈之骅
44	朱佳木	同历史虚无主义思潮斗争的有力思想武器	朱峻峰
45	程恩富 段学慧	《资本论》与社会主义建设	周新城
46	李崇富	谈谈列宁主义	陈之骅
47	张树华	苏联共产党意识形态工作的教训	吴恩远
48	石镇平	马克思的社会主义观	周新城
49	王 广	马克思主义与全面依法治国	侯惠勤
50	李艳艳	美国互联网政治意识形态输出战略与应对	于 沛
51	雷虹艳	美国的社会主义运动与思潮	姜 辉
52	章忠民等	解码新时代中国特色社会主义	程恩富

第六辑

序号	作者	书名	审稿人
53	李慎明	"依法治国"的十个理论问题	程恩富
54	朱佳木	中华人民共和国史编研的若干基本问题	陈之骅
55	徐世澄	古巴经济和社会模式的更新	毛相麟
56	侯惠勤	中国特色社会主义的哲学坚守与创新	李景源

序号	作者	书　名	审稿人
57	李包庚等	人类命运共同体：破解全球治理危机的中国方案	汪亭友
58	于　军 张　弦	"一带一路"倡议与构建人类命运共同体	樊建新
59	李晓燕	21世纪西方新社会运动的新特点和新趋势	姜　辉
60	童　晋	国外左翼学者的社会主义观	程恩富